市毛良枝
Yoshie Ichige

73歳、ひとり楽しむ山歩き

KADOKAWA

73歳、ひとり楽しむ山歩き

まえがき

1950年というやたら区切りのいい年生まれ。初登山は40歳、30年経ったら70歳、いまやそれも超えてしまった。やれやれである。

というけれど私、実は数字にあまり興味がなく、年齢もどうでもいい。

ずっと昔デビューの頃、正直に年齢を書いてしまい、時代は変わって、時に女性の年齢表示が物議をかもすようだがいまさら引っ込めても意味がなくなった。

最近では同級生に「バレるからあなたと同級生と言わなくなった」と言われてしまい、「忘れようもない」ほど計算しやすいからごまかしようもなく、まことに申し訳ないと思う。いまだに日本では、呆《あき》れるほど年齢を気にして、メディアも丁寧に表示する。誰も気にしなくなれば、歳を言うのも言わないのも自由になって素敵なのに。まあ、いつか来る未来に、そうなるといいな。

ぼやきはさておき「山登りをします」と言うと、「山って……、ハイキング程度？」と、ほぼ100％返される。みんな登山は〝危険〟と考えているからだろう。まあ、危険でないともいえないし、実際私もそう思っていた。

登山好きとは、行けば死ぬくらい危ないことをやる人たちと思いこんでいた。

やがて、山好きの人から「百名山いくつ登った？」と聞かれることが増えてとまどった。山を、標高や、登った山の数など、記録のために登ることはないので、正直関心もなくて数えたことがない。だからいつも答えに困ってしまう。

そうはいっても、目標を持つのは素敵だから、百名山を目標にすることを否定するつもりはない。要するに人は人、自分は自分でしかない。その人がやりたい登り方でなければ得られない喜びもある。

深田久弥《ふかだきゅうや》さんの歩いた百名山は、登っていない山もたくさんあるけれど、どこも魅力的で素敵な山ばかり。できることならすべて登ってみたい。ただそれは、数のためではなく、行ってみたい山だからだ。

「次に行きたい山は？」ともよく聞かれるが、「行けるところならどこの山にでも行ってみたい」としか言えない。愛想のないことおびただしいが、誰かのために登るわけではないので、まあいいかとやり過ごしている。

大切なのは、自分が何をして、どう感じたかでしかない。味わう登山が好きで、誰かに話すためでもない。心のおもむくままにただそこに存在したいだけ。

たまたま雨で頂上からの眺望は望めない時に、雨宿りした避難小屋で出会った人とのおしゃべりに興じて、頂上を踏むことを諦《あきら》めたこともある。もし記録のために登っていたら、頂上を踏まない山はカウントされないから、無理してでも行っただろう。眺望はなくても立ちたい場所なら行ったけれど、その時は、人との出会いを優先したかった。

そして、初登山から15年経った頃、「これが私のやりたかった山！」と思う登り方に出会った。ひとりで山に入り、すべてを自分で判断して、自然と対峙《たいじ》するのは本当に楽しかった。来年からは普段の山に加えて、こういう山をやっていこうと心に決めた途端に、親の介護が始まり山に行きにくくなった。まあ人生にはそんなこともある。

普通ならやめてしまうのかもしれないけれど、それなりの試練を越えて、相変わらず山を好きでいる。でも、他に楽しいことも増え、どちらもやりたいと悩む。

山は汗臭く、筋肉質な男の世界で、肉体だけを使うやや原始的なものと思っていたけれど、実際は、繊細に揺れ動く自然の姿を味わったり、自然の中に身を置き体を動かすからこそ湧き上がる感情や深い感動があることを知った。おのれの身内に浮かぶ別世界をのぞくようだ。

自然はあくまでも美しく、そこに身を置く人間の心の揺らぎも、意外なまでに文学的であり、映像や音楽や、造形としての芸術にも通じるものがある。見えているものは絶対の美であるけれど、色があり、光があり、匂いがあって、そこにまつわる人々の営みも相まって、感じとるものは無限大で、人によって作られた演劇の世界とも似ていた。

それって私の仕事だった。子どもの頃から親しんだ〝空想〟という、心の中を刺激してくれるところも似ていて、もしかしたら一番自分に合った文化だったのかもしれない。だからのめり込んだのだと、すべてがつながっていくことにいま気づかされる。

空想や妄想は、生まれ育った環境に関わってくることなのかもしれないと思う。

両親に、祖母もいて、兄たちもすでに大人で、周囲は大人ばかりだった。当然のように可愛がられ、庇護《ひご》されて育った。甘えっ子で、感情表現もうまくない子なので、言いたいことがあると感情があふれすぎて泣いてしまい言えなくなることがよくあった。

空想を友達にするような泣き虫少女だったから、よくからかわれ、かけられた言葉のままに「年寄りっ子は、三文安い」と思っていた。

大事に育てられたことは悪いことではないけれど、そのためか引っ込み思案で、恥ずかしがり屋で、そんな自分を変えたくて俳優になろうと思った。これは俳優になった理由の、三つあるうちのひとつだけれど、この選択もまたとんだ荒療治で無茶だった。

誰よりも目立つ存在で、なおかつサービス精神旺盛《おうせい》で、自己表現にたけている俳優たちの中で、引っ込み思案のままの私は、なかなか殻を破れずに、ここにいてはいけないような不安感に包まれ、ずっとコンプレックスの塊だった。

そんな気持ちを払拭《ふっしょく》してくれたのは、登山の、肉体を駆使して一心不乱に登るという行為だった。小さな私でも、高い山にも登れ、登るうちに筋肉も体力もつき、初めて自分の運動能力を認めることができたのだ。それはやがて自信に変わっていった。

この30数年の間に、アフリカ最高峰・キリマンジャロやヒマラヤの山々にも行った。

でも、そのことをとらえて、すごいことをしたというふうにいわれることにはずっと違和感があった。テレビや雑誌などは、そうしないといけない事情もあるのだろうと諦めているけれど、人目を引きたくて山に登るわけではない。純粋に自分自身を知るためでしかないから、どうしても抵抗を感じてしまう。

そしていま、世の中は年齢でくる言葉であふれているから、歳を重ね、普段の生活でも、小さな失敗を「年のせいかな?」と不安に思うことがないわけではない。でも、必ずしもそうではないということも山で体験できた。山という一定の場所を登ることで自分のいまを測ることができ、年齢は数字だけではないと確信できた。

やってみたこと、この目で見たことを信じる。人に言われたことに左右されずに、自分で見聞きしたことしか信じないと言い切れるようになった。

やってみて、その結果好きでなければ、やらなければいい。でも知らずに、知った気になってやらないのは本当にもったいないと思う。

知らないままやり過ごしてしまったら何もはじまらない。これだけは、知ったからこそいまは誰にでも声を大にして言える。

いろいろな固定観念に抵抗しながらも、山を知ってからの30数年はおもしろかった。介護も大変だったけれど、自然が人を癒《いや》す効果を実感することにもなり、ユニークな母の姿もじっくり見せてもらった。俳優としての自分も少しだけわかった。

そんな山での出来事をもう一度見つめてみたい。

CONTENTS

CHAPTER 5

CHAPTER

1

山で
出会った
道

69歳、大自然の中を貫く

とても久しぶりに山に行く機会が訪れた。それも大好きな、少し長めに山に入れる機会だ。私にとって山は、できれば長く入っていたい場所である。

山に長く入るということは、山のどこかで泊まるということ。テント泊も自分を見つめるために素敵だが、人に会いに行くのも悪くはない。小屋の主人や働く人々に会えるのも楽しい。だから繁忙期でない山小屋が好きだ。

暇な時期ならではの、普段聞けないような体験談もしてくれて、彼らの山の話は本当にドラマチックでおもしろい。そこに行けば必ず会えるって、故郷のようで嬉《うれ》しい。

近くの山だって、低山だって、楽しさに変わりはないけれど、できるだけ日常から離れて少しでも長く自然の中に身を置くのが自分にとってベストの山登りととらえている。

だから、母の介護がはじまったあたりから自分の行きたい山にはあまり行けなくなった。そういう意味でも本当に久しぶりの登山だった。

おまけに久々の海外旅行でもあるこの旅の行き先はニュージーランド。故郷のようにも思える特別な国で、半年住んでみたこともある。当時私は45歳。

友人の登山家・田部井淳子《たべいじゅんこ》さんから最初にエベレスト街道に誘われた頃のことだった。このことは後で触れたい。

今回の目的地は、ミルフォード・トラックという、世界でも有名な、ニュージーランドで知らない人はいないトレイルだ。

ただし、個人的にまた悩むのが、そこを山と呼んでいいのだろうかということ（すみません。どうでも良いことにこだわってしまう面倒な人間で）。

ミルフォードの呼称はトラック、道のようなもののこと。——それは山なのか。

辞書には、trackの基本的な意味として「英語で鉄道線路や軌道、轍《わだち》、人や動物の足跡などを意味する表現。転じて行為のやり方を意味することもある。また、戦車やトラクターなどのキャタピラーや左右両輪間の幅も意味し、音楽においてはアルバムなどに収録された曲をtrackと呼ぶ」などなど。

「人や動物の足跡などを意味する表現」ということで、大自然の中を一筋貫く道として、ミルフォード・トラックなのだろう。

アメリカには、アパラチアン・トレイルという3500キロメートルのロングトレイルがあり、これはジョージア州からメイン州まで、歩き続けて半年近くかかる道のことだ。熊はもちろん、野生動物の住む場所を行くので、歩き通すには体力も知力も必要になる。目的地に向かうものだから道ではある。でも、約2000メートルの峠もあり、道なのか、山なのか、悩むところである。規模は小さいがミルフォードも似ている。

ちなみにtrailは、「主に痕跡《こんせき》・手がかり・小道。名詞としては、痕跡、獣の臭跡、手がかりのほか、彗星《すいせい》の尾、垂れ下がった髪、車の流れなど。動詞としては、引きずる、追跡する、宣伝する。つるがはう、負けるという意味でも用いられる」。全行程走破に半年かかるので、とても小道ではない。

日本人には親しみのない概念でイメージしにくいけれど、最近は若者中心に流行《はや》っているようで嬉しい。

日本の登山で言うと縦走が比較的近い。まあ、山を知らなければ、なんのこっちゃ？で終わることだが。世界には他にも有名なロングトレイルがたくさんある。そのほとんどが、日本人の思う道とは違う概念を表している。トラックもトレイルも、要するに踏み跡から始まった人の移動する道のこと。

ついでにトレッキングのtrekは「特に山で、徒歩で移動する」または「雄牛のひく荷車による旅、入植者のグループによる組織的な移住」を言うようだ。

20年ほど理事として関わっている日本トレッキング協会で、トレッキングとは何かと、何度も討議されたことがある。その時、引きずるという意味を内包することが私には一番しっくりきた。

もしかしたら、重い荷物を引きずるように自然の中を歩くというのがトレッキングに近いのかな。登山も似たようなもの。でも、両手を荷物で塞《ふさ》がないことがほぼ絶対のルールであることから、ものは背負うものであって引きずるイメージはない。しっかり背中に背負わないと危険この上ない。ここがかすかながらトレッキングとの違いなのではないか（ああ、ややこしい！）。

長々と書き連ねたが、要するにミルフォード・トラックとは何？という話。すみません。どうでもいいことで。

ニュージーランドには、いずれ住みたいと思いながら40年以上通い、半年住んでみたこともある。国も人も大好きだからいつかは移住をとも思った。ただ、半年住んだ結果、植生が少し自分の好みと違っていた。もちろん、国をまたいで引っ越しするのは言葉や永住権などの問題がありハードルは高い。でもそれ以上に、私にとって植生との相性が大切な要素だった。

地球儀を赤道でふたつに折ってみると、ニュージーランドと日本はほとんど重なる緯度にある。日本とよく似た南半球の島国である。夏の暑さ、冬の寒さはどちらも少しずつ緩やかで四季があり、ちょっと違うのは、より南国の雰囲気がただよう島であるところ。イギリス人が変えていったなだらかな景観や、大陸続きの名残や氷河の残した入江など、変化に富んだ景色も素敵で、大好きなところはいっぱいある。

長年通ううちに友人も増えた。今回誘ってくれた写真家とは、現地で何度も偶然お会いして、ニュージーランド通いの初期から顔見知りだった。

その後、山をはじめてから、山と渓谷社などでも縁がつながり、会うたびに「いつかミルフォードに行きましょう」と誘われた。その40年来の立ち話がついに実現する。

この年、我々がニュージーランドに向かったのは、新型コロナ感染症が世界的に広がるほんの一瞬前だった。

冬になるとインフルエンザを過剰なまでに警戒している私は、冬から妙なウイルスが世界に広がりつつあるというニュースが気になった。年明けて、少しずつ緊迫感は近づいていたが、まだ他人事《ひとごと》のような頃に日本を離れた。

それでも空港を通過する時には、すでに怖さを感じて、十分緊張しながら行った。

現地に着くと、日本からのニュースが日に日に混乱を報じるものに変わっていったが、ルートに入ってしまえば情報はなく、何も知らずに楽しんだ。

帰国日、オークランドの空港で、「本日より中国便全面キャンセル」という電光掲示板が目に飛び込み、一気に緊張感が高まった。まさにそんなタイミングだった。

帰国便は無事に飛んだけれど、こちらもなかなか波瀾《はらん》万丈だった。

鹿児島県の口永良部島《くちのえらぶじま》で噴火があり、7000メートルの噴煙の影響で迂回《うかい》を余儀なくされて大幅に遅れた。そのため給油が必要となりグアムに緊急着陸となった。

しかし、我々が去ったニュージーランドではもっと大変なことが起きていた。

ツアーから帰った日、私たちは入れ違いに出発するグループをバスターミナルで見送った。

手を振って別れた彼らは、降り出した雨が豪雨となり、送迎バスのルートが洪水に見舞われてミルフォード・トラックには入域できなかった。そのひと組前、我々の次に入ったグループは、ルート上で立ち往生し、ヘリでの救助となったそうだ。

追いかけて全世界が未経験の感染症に見舞われ、どの国も鎖国のような状態になった。ニュージーランドはいち早く国民の経済を保障して人の出入りを閉ざした。

結局、この年いっぱいミルフォード・トラックは閉鎖され、その結果、我々が、完走できた最後のグループとなった。後でこのことを知り驚いた。

無事出国した我々も、口永良部島の噴火で飛行機が迂回し、到着はかなり遅れた。世界中がまるで何かに揺れているようだった。

世界一美しい散歩道ミルフォード・トラック

長年ニュージーランドを紹介してきた写真家の知人の「これが案内できる最後になるかもしれない」という言葉に心動かされ、ミルフォードを歩こうと思い立った。

人生には、行きたくても行けない事情が起こり、やりたいことを諦《あきら》めざるを得ない時期がある。20年近く担ってきた親の介護という役割を終え、やっと自分のために時間を使えるようになった。ちょうどそんな時のお誘いだった。

この旅の目的地、ミルフォード・トラックを知ったのは、登山をはじめる前だった。40年ほど前に家族で訪れた時から、この国の観光の目玉であり、2023年で135年を数える歴史ある道だ。山の知識はなくても行ってみたい場所だった。

現地の人々の優しさに惹《ひ》かれてふるさとのように通い続けた大好きな国だが、このルートを歩く機会にはなかなか恵まれなかった。時間も限られる中で、高齢の親たちと行く旅では、娘はいつも添乗員兼ドライバーに徹するしかなかったからだ。

念願かなって日本を飛びたち、ツアー出発点のクイーンズタウンからバスと船でルートの起点に運んでもらう。

ミルフォード・トラックの起点、グレード・ワーフ（船着場）で船をおり、植生保護のため靴裏を消毒してから、起点のサインボード前で写真を撮ってやっと歩き出した。

写真家の知人と、彼の友人である若い女性3人と私の、こぢんまりとしたグループでガイドツアーに乗った形だ。

ミルフォードを歩くには、日本の登山に似た、個人で食材も器具もすべて持って自己完結しながら歩く「インディペンデント」か、数人のガイドが案内してくれる「ガイドツアー」に参加する方法がある。でも、ガイドツアーは、いわゆる観光ツアーではない。

全長約54キロメートル、標高1100メートルほどの峠を含む行程を4泊5日かけて、それぞれのペースで歩くのだが、初日は1・5キロメートルしか歩かないのに、15～16キロメートル歩く日もある。勾配《こうばい》によって歩く長さは変わるので、直線距離はあまり意味がなく、毎日、ほぼ7～10時間歩くと思う方がわかりやすい。

その我々をサポートする数人のガイドの連携がみごとなもので、先行する人、中間を行く人、最後尾を守る人と役割分担が確立されている。途中でお茶も飲ませてもらえて、細かい気配りでさまざまなサポートもしてくれる。彼らは日によって持ち場が変わり、無事に全員が歩きとおせるよう、仲間と触れあえるよう、みんなが楽しくいられるようにと配慮してくれた。もちろん彼らの苦労や努力に支えられているのだが、仕事を心から楽しんでいるように見え、まるで良質のライブエンターテインメントを見ているようだった。

小屋はインディペンデント用とは別の、自然とうまく調和をとりつつ建てられた素晴らしく快適な建物がポイントごとにあり、食事もシンプルだがおいしいフルコースが用意されていた。環境への配慮は細かくされていて、小屋は浄化槽が整備されているからシャワーも洗濯もできるし、ゴミはすべてヘリで運び出されて、食材の補給とともに必要なものが運び込まれる。

そもそもこの国がまず自然環境ありきの考えに立っているので、驚くほど合理的に、きちんと練ったシステムのもとで運営されている。

私は日頃「贅沢《ぜいたく》したいなら山に行かなくていい」などと主張しているが、この快適さにはあらがえなかった。環境負荷をおさえつつ自然と触れあえるよう考えぬかれ、「人間の欲望をかなえる」ことが最優先ではないのがわかるので、安心して身を委《ゆだ》ね、素直に自然や同行の人との触れあいを楽しめた。脱帽もののみごとさだ。

毎日だいたい10キロメートル以上の山道を10時間ほどかけて歩くが、ニュージーランドらしい川あり滝ありの広大な景観を堪能《たんのう》し、シダ類の多い南国特有の植生を愛《め》で、ほどよく手の入った道を行くのはとても快適だ。

ニュージーランドは太古、ゴンドワナ大陸から離れて島になったと言われている。その時あった植生なのか、南国ムード満点の常緑広葉樹が空に向かって枝葉を張り、大木の体を成している。さまざまなツタやシダが樹皮を覆うものだから、たっぷりと湿気を帯びた道にまるで魔女が立ち塞がっているように立っている。

もともとこの辺り一帯は、フィヨルド・ランドといい、氷河の名残の地域なので、水場は豊富で景色にもうるおいがある。

初日はグレードハウスという結構立派な木造の小屋に泊まる。小屋は個室もあるが、私たちはマルチシェアのキャビンに泊まった。簡素だが必要最小限は揃っている二段ベッドの部屋で寛《くつろ》ぎ、軽くシャワーを浴びて疲れをとる。筋肉痛すらいとおしく思え、生きている喜びをかみしめる心地よさだった。

2日目の宿、ポンポローナロッジで、突然大きなガラス張りの窓に滝のような雨がたきつけ、到着後サロンで寛いでいたみんながぽかんと空をあおいだ。

好天に恵まれて快適に歩いてきたのに、何と3日目、一番大事なマッキノンパス通過の日が運悪く雨予報。予報がはずれることを祈りつつ翌朝早く出発するも、降ったりやんだりを繰り返し、ルート上最大標高差の峠道を登るにつれ雨脚は強まり、マッキノン碑の立つ標高1096メートルの峠、マッキノンパスにたどり着く頃には土砂降りとなった。

ハイライトの眺望もなく、逃げ込んだ小屋は同行者でごった返し、譲り合いながら雨を拭《ぬぐ》ったり着替えたり、温かいお茶で一瞬の暖をとる。まるで日本の真冬の山小屋のような雰囲気だった。

風に吹かれ寒さに凍えながら転げるように下り、マッキノンパス直下の谷間にあるクィンティンロッジに駆けこんだ。軽く荷物を解いてサザランド滝にも往復した。思い思いに小屋での時間を楽しみ、そろそろ夕食かという頃に「遅れついでに寄り道しちゃったぁ」と、玄関から晴れやかな日本語が響いてきた。最後尾のガイドさんとともに笑顔で到着したのは、日本からのご夫妻と友人の女性だった。

この方たちは、初日の懇親会で「ツアー最高齢なの」と自己紹介していた。夕食後、この日しんがりをつとめた日本人ガイドさんのピアノ演奏で、私たちはラジオ体操を披露した。ラジオ体操を弾きはじめた彼女に目で誘われて、日本人8名つい楽しくなって日本の体操を各国からきた同行者に披露することになった。こんなのも旅の興趣だ。

年齢も体力も国籍もそれぞれ違う人たちが参加し、ほどよい距離を保って触れあって歩ける。こんな場所があることをしみじみ幸せと思った。

最後の日は、標高差が少ない分歩く距離が21キロメートルと長く、さすがに嫌になる程歩いた。そしてロッジ到着と同時に私の靴が壊れた。

毎日お尻《しり》の筋肉をつるほど駆使して、靴も壊れるほど歩き、この〝世界一美しい散歩道〟といわれる楽園を堪能しつくした。そして、大きな船でミルフォードサウンドを渡って、旅は終わった。

「次はルートバーン・トラックで会いましょう！」というガイドさんの言葉に、これが最後と言っていた写真家の覚悟も揺らぎ、みんなも次回への夢がぱあっと広がった。

最大の見どころであるマッキノンパスでは大雨に降られたが、それでも凌《しの》げる程度の降りだったし、全行程ほぼ天気に恵まれ、到着したマイターピークロッジは、ミルフォードサウンドを一望する場所に建ち、リゾート気分まで味わえてひたすらハッピーだった。ここは人気観光スポット、ミルフォードサウンドを観光する船で来ることもあり、過去に何度も訪れていた美しい丘の上に建つホテルだった。

自分の荷物は自分で持つとやや悲壮なまでの覚悟をして登った初登山から30数年。リゾート気分がハッピーなんて、簡単に言えば堕落したということかとちょっと反省。

前述したように、ミルフォード・トラックの歩き方にはふたつ、インディペンデントと呼ばれる、すべて自分でまかなうやり方か、ガイドツアーに便乗する方法がある。我々は後者だったが、どちらを選ぶかはその人の考え方に密接に関わる。基本的に私は、自分で完結すべきという人間だった。ここでいうインディペンデントの方だ。

ただ、ガイドさんとの交流を含めてこのツアーを一度体験してしまうと、次回インディペンデントでと言えるかどうかまったく自信がない。贅沢を経験すると生活水準を落とせないとよく言われるのと似ているかもしれない。でもちょっと違う。

施設の準備や食事、休憩時のお茶のサービスなどの基本的なことは至れり尽くせり、何から何までやってくれるが、移動中はかなり自由だ。行動中、まるで羊飼いが追うように、我ら子羊の最後尾にガイドがついて歩くのは、ひとりの脱落者も出さないという配慮からだった。彼らは決して追い立てることはなく友達のように楽しく歩いた。

歴史に裏打ちされて出来上がったシステムなので、快適で、でも罪悪感も少ない。どちらを選んでも、歩く旅のやり方の違いというだけで自分の足で歩いたことに違いはない。どちらも選んだ人のスタイルと胸を張って言える。そう思うと人との触れ合いもほどよくあるこちらはかなり魅力的で、次回もこちらを選んでしまいそうだ。

何年か前、田部井さんも「昔はテントでしか行かなかったけど、下山して旅館でおいしいもの食べて温泉入ったりすると、テント泊できなくなっちゃうよね」と言ったことがある。その時はまだガシガシ登りたい時期だったから「そうかな……？」と思った。ミルフォード・トラックは、エベレスト街道やキリマンジャロとは、そもそも成り立ちが違って、目的も違う。人も、歳とともに少しずつ大切なことも変わるのだろう。でも、本来の、ありのままの自然に分け入り、バックパッカーのような、何かに挑戦するインディペンデントの精神もいつまでも捨てずにいたいとは思う。

ちなみにニュージーランドでは、夏は日差しが強すぎて、牧草地や芝生の多い景色は草が枯れてうす茶色く広がる。春、川岸の柳が芽吹く頃は、その優しく柔らかい美しさに、心が子犬のワルツのように飛び跳ねる。そして、冬は緑が濃くて美しい。また南半球では、季節は日本と逆、日本の夏は向こうの冬。夏が枯れ草で、冬が緑なんて、もう混乱してどっちでもよくなる。要するにニュージーランドは自然豊かで美しい国ということ。

それにしても、毎日つるほど使ったお尻の筋肉が愛《いと》おしく、長く歩くっていいなぁとしみじみ思う。筋肉痛大好き！って、私、かなり変でしょうか？

40歳のはじめの一歩

40歳にもなると人はなんとなく、人生の先が見えるような気がしないだろうか。友人たちの恋愛話も落ち着き、独身で仕事をしている友人は、堅実に仕事をしていて結婚はしないと決めたようにも見えた。また、結婚している友はそれとなく不満をもらしはじめ、それまでは言わなかっただけなのか……、言っても揺るがないほどの安定が築かれたのか……。内心ははかれないが、どちらにしてもそんな日常がこれからも穏やかに続くと思っていた。

ひるがえって自分は……。仕事にもある程度慣れてきたから、このまま行くのかもしれないと、漠然と思えるようにはなった。ただ、結婚という人生の大きな決断に大失敗し、俳優という特殊な立場にはなかなかなじめず、憧《あこが》れて自ら選んだ仕事なのに〝向いていない〟という声が、心のどこかでささやき続ける日常は変わらなかった。

我々が新人の時代は、やや社会とかけ離れた価値観とともに妖《あや》しく激しく輝く才気あふれる先輩たちばかりだった。

作品を作る現場で働くことは楽しかったが、普通という概念からかけ離れた先輩たちの、まぶしいほどの才能を見るにつけ、「こんな自分が本当にこの場にいていいのか」と自問し、不安感を持ち続けていた。

親はきっとお見通しだった。だから反対したのだろうといまはわかるが、皮肉なことに、反対されたことが、かえって簡単には辞められない心の枷《かせ》となった。

おそらくこんな心の内なる問いかけは誰もがし、生涯かけても答えは出ないのかもしれないが、私の40歳は惑いのまっただ中だった。

迷いつつも、はっきり決断をする勇気もなく、このままゆるやかに年を取っていくのかと諦めも入り、人生の先は見えたような気がしていた。

その40歳がまさかの人生の転換点となった。

平和でのどかな家庭生活が波立つ大きな出来事だった。

父が家で突然体調を崩し、倒れ、あたふたと救急車を呼ぶことになった。まさか、こんなことが、のちにずっと続く趣味となった登山との出会いにつながるとは、この時はもちろん想像だにしていなかった。

この日父は家で、ワインの澱《おり》のようなとも、薄く剝《は》がれた赤錆《あかさび》のようなとも見える、凝固した血液混じりの透明の液体を吐いて立てなくなった。吐血でも喀血《かっけつ》でもないとしてもただごとではなく、初めて経験する緊迫感に押しつぶされそうになりながら、生まれて初めて救急車に乗った。父が運ばれたのは、救急対応してくれる地域の総合病院。そして即入院となった。

我が家はありがたいことにみな健康で、災害や事故の経験もなく、両親とも80代になるまで歯科以外ではほとんど健康保険を使わないような家族だった。父の職業は医師だったが、こういう事態はまた別のこと。救急車の中では、命の瀬戸際で闘うのは患者だけではなく、救急隊員もともに闘ってくれていた。テキパキと受け答えしてくれる隊員の皆さんは不慣れな私にとってヒーローのようだった。

病院に到着すればすぐに、あちらへ、こちらへと、次々指示され、やらなければならないことがぎゅうぎゅう詰めになっていて、あたふたするばかり。息つく暇もなく、検査につれて行かれる父を見送り、その間に、用意しなければならないものを買いに走り、担当ごとに違う指示に振り回された。とは言え、入院できたことでひとまず落ち着き、ぱっと見は普段に戻った父を囲んで一安心し、病室暮らしは比較的のんな感じではじまった。

ただ、皮肉なことに一番の問題は、父の頑固さで、あとから考えれば病気のせいだったのかもしれないが、明治生まれの誇り高い人間は歳とともに頑固に拍車がかかって、病人がやらなければならないことを片っ端から嫌だと言って聞いてくれない。なかでも何より嫌がったのが検査だった。それでは病気の正体もわからないというのに。「医者なんだから検査くらいやってよ」と突っ込みたくなるが、医者だからこそ譲れない何かがあったのか。当時報道されていた昭和天皇のご病状も同じ時代を生きた父にとってなんらかの影響はあったと思う。いずれにしても明治生まれの頑固さは筋金入りで、とにかく晩年は扱いにくいおじいさんだった。

数代続いた医師の家を自分が継いだという自負と矜持《きようじ》が父の精神を支えていたのは確かで、次男なのに長兄の代わりに自分が継いだと常に子どもたちに話していた。そんな父からすれば、勉強しないわが子は異人種だったようだ。大人になってから勉強は大好きに変わったので、もう少し長い目で見てほしかったが、父を喜ばすには時間が足りなかった。

威張るような人間ではないけれど、戦後民主主義育ちの娘からすれば反発を覚えるところも多かった。家族の身びいきをお許しいただければ、娘から見ても、父には、医師としての〝志〟と〝技術〟はあったと思う。しかし、戦争を挟んで苦労もしたようで、父の人生は決して順調ではなかった。だから我が家はむしろ貧乏だった。

戦争の前はそこそこ豊かな暮らしをしていたと聞くが、それでも苦労の割に見返りがないと言ってふたりの兄も医者にはならなかった。私も畑違いの俳優などになってしまったので、医家の系譜は父で終わった。

「自分の人生は自分で決めろ」と口癖のように言っていたので、俳優になるのを反対された時には、そのことを引き合いに出して無理やり認めさせてしまった。

そのことはかすかな負い目となって常に心のどこかに刻まれていた。その贖罪《しょくざい》意識もあり、久々に触れる病院の雰囲気も、幼い頃の医院での暮らしをよみがえらせて懐かしかった。

看病生活は、知らずつちかわれたＤＮＡが騒いで、病棟のスタッフと同じように働いた。やはり父の意思にしたがって医者になればよかったのかと思ったり、いまから勉強して看護師になろうかなどと本気で考えたりもした。

病院もいまほど制限が厳しくなく、家族は自由に出入りを許されたので、正確な病状への心配は抱えながらも、当初はなごやかで楽しい入院生活だった。父の頑固さを先生たちは理解して受け入れてくださり、ナースたちも、家族にはとても可愛いとは思えない言動ですら、可愛いと言ってくれて、なかなか人気のおじいさんだった。

この時の担当ナースのひとりとは、のちに初登山で同行することになる。

彼女はよく部屋に遊びにきて父の話し相手になってくれた。若い女性に囲まれることなど日頃ないので、病室暮らしはとても華やかだった。

担当医はおふたり。まだ若い先生と、その上に年配の先生がいた。

年配といってもおそらく当時はまだ50代だったはずだ。病室の責任者でもある大先生は、朝の外来と午後の回診との間に時間があると、よく部屋をのぞいて、人差し指の先をちょいちょいとふって、「よろしいかな?」と私を談話室に呼び寄せ、大学の講義のようにいろいろな話を聞かせてくれた。

内容は、専門の肝臓学の話から、趣味のオペラや歌舞伎の話、同級生の話、登山の話など多岐にわたり、それが病室暮らしの中で、句読点のような楽しみになった。先生の話は毎回だいたい40〜50分。大学に行かなかった私にとって新鮮な勉強の場にもなった。

なかでも気になったのは山の話だ。我々世代は、昭和30年代にあった登山ブームの影響か、子どもの頃から冬山の遭難のニュースや、山岳部のしごきやいじめの話などをたくさん見聞きしていた。だから、山とは行けばすぐ死んでしまうような短絡的な印象を持っていた。その上、綺麗《きれい》とは言い難い服装で、重いザックを背負って歩く登山者の姿に、女子校育ちの元少女が心惹かれる要素なんてまったくなかった。

それなのに、楽しく話すこの人はなんだろう……。これほどにこにこと話すならきっと楽しいことに違いない。ましてこの人は死んではいない。そうだ、生きている！

行けば死ぬ、といった印象は、もしかしたら作られたイメージなのかもしれないと思った。自分の馬鹿さに呆《あき》れるが、初めて、登山イコール死という短絡的なものではないかもしれないと気づき、なんとなく、いつか行ってみたいなと思った。

このかすかだが、常識のようなものに隠されていた本質が透けて見えた時、その後実際山に登り、常識と思われているものを一度は疑い、自分の目で見るようにと、時間をかけて私の内面が変わっていった。

一見平穏に思えた入院生活だったのに、たった2ヶ月という短い闘病生活で、父はあっけなく84歳の生涯を閉じた。私にとって、近しい肉親との初めての別れだった。あの時期、病室から見た、遠い雲の上に浮かぶ雪をかぶった富士山は美しかった……。若くない両親ということで少女の頃から父の死は常に意識してきた。いつも、他の人より親と別れる時期は早いのだろうと、不安を抱えながら少女時代を過ごした。その父が、当時としては長寿といえる年齢で人生を終えた。予期していない結果となってどうしたらいいのかわからずしばし呆然《ぼうぜん》とするばかりだった。

たった2ヶ月の入院がこれほどまでに密度濃いものとなるなんて、そしてそのことがきっかけで、生涯の趣味となる登山と出会うなんて……。救急車の中で決まってたまたま入院した病院で、偶然担当医となった先生なのに、後にこれほど別の人生が見えるなんて、この時誰が想像しただろう。

父が高齢になってから生まれた子だったから、自分の成人まで生きていてくれるか不安だった。その父は84歳まで長生きしてくれた。そして60年間の長きにわたって現役の医師として生きることができた。

自分が医師として生きられたのは、学生時代に解剖を学んだからであり、その教材としてお体を提供してくれた人の協力があったからこそと常々言っていた。だから、死後は出身大学の法医学教室に献体すると生前から宣言していた。

死の翌日、母校からの迎えの車で病院を出ていく父を、私たちは旅行に出かける人を送るように手を振って見送った。それが永遠の別れだった。

献体すると、2年ほどかかって解剖所見を返してくれる。

この間いつでも会いにきてくれて構わないと言われ、もしもその間に献体の意思が変わったらいつでも返すとも言われた。当然、この時に火葬はしていない。それは母にとって、また私にとっても、死を実感するまでの時間稼ぎができてありがたいことだった。

キラキラと輝く木の間越しの光の中、父を乗せた車が行く映像が目に焼き付いていたので、父を思い出す時、「どうしているかな？　元気でいるかな？」と思ったものだ。

一般的ではない別れだと思う。でも、ふと寂しさは感じるものの、父の死という実感は持てないままに少しずつ受け入れていった。

初めての肉親との別れがあり、すでに2年近い時間が流れていた。やっと解剖の結果が大学病院から届き、改めて、父を看取っていただいたことへのお礼に行こうと思った。医師として生きられたことへの感謝の意味で献体をしたという報告と、その結果やっとわかった最後の身体情報を持って久しぶりに病院を訪ねた。

忙しい外来の合間にもかかわらず、お世話になったナースや先生との話は懐かしさもあってくつろいだ雰囲気となった。そんな中で、つい気楽な気分になってふと口にした「今度看護師さんたちと山に行かれる時には、私も誘ってください」との言葉に、先生が「いつならあなたはお暇かな?」と聞かれたことで、あっという間に、山に行くことが現実となった。いままでこんなふうによその方にお願いしたことはなかった。それほど先生の山の話は鮮烈な印象を残していたのだろう。

このことが、初めての肉親との別れがもたらしたことなら、これもまた不思議な縁としか言いようがない。

先生はお嬢さんがふたりいる家庭のお父様だった。先生のお宅と我が家は違うけれど、妻、娘に囲まれた男親というのは、世間のイメージとは裏腹に、やや気の毒な存在だと思う。うちの父は普段ささくれ程度の小さな傷でも大騒ぎする傾向があり、「もう、医者のくせにぃ、そんな程度じゃ死なないわよ」などと、娘は雑な言葉を投げかけてしまう。甘えだ。反省はしているけれど、中学生を越えると恥ずかしくて優しくできなくなった。

我が家はちょっと一般的ではなく、めちゃくちゃ可愛がられて育った実感はあるけれど、ともに暮らした時間は実は短かい。中学から私だけ東京に出て、親族とは言え、他人の中（のちに学校の寄宿舎）で暮らした。おまけに父は65歳を過ぎて、私が高校生の時から船医として世界の海を旅する人間になっていたからだ。

離れて暮らしても、反発はしても、親の影響は大きく、父の生き方、考え方は尊敬していたし、まず平和な家庭だった。そして船に乗ってから、両親はより仲良くなり、下船時に港の近くを旅して帰宅するのが常となった。

先生の人柄に、父を亡くしたばかりの娘が、大きな意味での父性を感じたことなどが、山へ惹きつけられていく入口として関わりがあるかもしれない。また、初登山仲間の働く世界が、父が生きてきた世界だったことも、無縁ではない。

白く美しい燕岳

いよいよ初登山。その日は、病院での挨拶《あいさつ》からひと月と置かずに訪れた。

あの場で提示されたふたつの可能性、ふたつある9月の連休のどちらかを、事務所と相談して空けてもらったのが、後半の秋分の日の連休だった。医師と看護師からなるグループが空けやすいスケジュールとしての指定だ。

俳優業は、連休だからといって休めるわけではないが、忙しい病院勤務の皆さんの迷惑にならないように、事務所に頼んでとにかく空けてもらった。そんなことを事務所に頼むのも初めてだったかもしれない。

この間に先生からは、装備のリストや、行程表、ガイドブックなどあらゆる必要なものの指示が届き、その手紙を握りしめて買い物に走り、これまでに経験したことのない新しい刺激を感じていた。すべてが初めて触れるものと言っても言い過ぎではなかった。

たとえば、いまならカッパとかレインウェアといえば山用の上下ふたつに分かれたものを思い浮かべるが、以前は、撮影現場でスタッフが着ているのを見る程度でほとんど無縁だった。急に雨が降り出した時などに手早く着替える仕事仲間を見ながら、専用の仕事着かな……？と思っていたくらいアウトドア用品を知らなかった。

パンツスタイルすら、29歳で運転免許を取るまではほとんどしたことがなかった。免許を取ってからたまにはくようにはなったが、どちらかといえば、ワンピースを着て、ハイヒールを履くような女子だったから、少なくとも私の行動範囲では見ることのない服装だった。揃えてみて、レインウェアの正体を知り長年の謎が解けて嬉しかった。

山と出会って、ほとんどのハイヒールを処分し、パンツしかはかなくなり、やがて一端《いっぱし》に山を語るようになるなんて、その右から左への極端さに呆れてしまう。

準備は進みその日は訪れたが、山に対する無知は変わらない。知らないということは、本当に何も知らないということ。何がわからないのかもわからない状態なのだ。

そもそも先生から「初めてで嫌になるといけないから、ハイキング程度の山にしたよ」という言葉をすっかり信じて気楽に構えていた。

「それにしては、夜行列車……？」「軽く現地で仮眠して、山小屋2泊？」

「ふーん、そんなものなのかな……？」、と無知なりにぼんやりした疑問は抱いたけれど……。

知らないとは本当に恥ずかしいこと。このような状態は、3年ほどしてキリマンジャロに登る頃まで続いていた。

ま、それはさて置き、初登山の行き先は、北アルプスの燕《つばくろ》岳から常念岳《じょうねん》。山小屋での2泊3日を含む縦走だった。

私は、やや？マーク付きながらハイキング程度という言葉を信じきっていた。しかし、歩きはじめてみれば、薄々ながらもさすがに気がついていく。

どうやらこれはハイキングではなさそうだ……。

それもそのはず、登山口のひとつ、中房《なかぶさ》温泉から登る合戦《かっせん》尾根は、北アルプスでも三大急登に数えられるという厳しい登り坂なのだ。その事実はしばらくして知ることになるが、いきなり、ほとんど休まずに、粛々と登っていくのだから、徐々に不安が募るのも無理はなかった。黙々と歩きながらも心のうちでは、「歩けなくなっても、ひとりでは帰れない。ただ登るしかないんだ……」と、前を行く人の靴の裏を眺めながら悲壮感がただよっていた。

その後知り合う登山好きによって、何度も繰り返されることになる質問、「初登山はどこ?」に答えるたびに、

「へえ、初めてであそこに行ったの? そりゃあ大変だったでしょう?!」

とかなり驚きとともに返されるほど合戦尾根は急登だった。

でも、このルートは、登りは本当にきついが、登っていくごとに見えてくるものが変化し、たったいま息が上がって辛《つら》かったことを見事に忘れさせてくれる魔法のコースだ。パッと目先の違う景色が現れ、一瞬にして「わああ、なんて幸せ〜!」と一瞬前までの辛さを忘れさせてくれる最高の急坂である。

先生の考えがあってのコース選びとのちに納得もしたし、いまなら私もハイキング程度と言うかもしれない。

そして頻繁に休まないことに意味があることものちのち知った。最初の頃は1時間近く休まず歩くことが不思議でならなかった。「この人たちは永遠に休まないのかな……」と不安にもなった。

でも、休み過ぎると体がいちいちリセットされて、もう一度立ち上げるのにエネルギーを使いかえって疲れる。そのことは教えられる前に、歩くことで自然に体が理解し

ていった。

途中の合戦小屋で小休憩をとった時、小屋の前の少し広くなったところにたくさんの登山者が休んでいた。似たような服装でわかりにくいが、思いのほか高齢者が多かった。皆さん、とてもお元気で、40歳の誕生日を迎えたばかりの私は「お若い方、どうぞお先に！」と言ってもらえる存在だった。すでに社会生活では、お若い方とは言われなくなって久しかった。

山の先輩方からは、活力をいただき、晴れ晴れとした気分にもさせてもらった。なんと、山では70代80代の方が若々しく元気に活動していた。

中高年の定義は都会では50代、60代だろうか？　山の中ではどうもその概念に10歳は足した方が良さそうだった。

合戦尾根を登り、稜線《りょうせん》に出るとスキップでもしそうなくらい浮き立つ気持ちになった。体が慣れたのだろう。

ここから、見えていて近づかないと言われる今夜の宿泊所、燕山荘《えんざんそう》を眺めながら、次々起こる自然の変化を感じつつ歩き、もうすっかり楽しくなってしまった。私だって見ればわかる槍ヶ岳《やりがたけ》が見えたり、振り向けば小さくではあるが、誰もが知っている富士山が見え、それだけで元気が回復して歩けることもわかった。気持ちと体の相関関係とでも言おうか、休んだわけでもないのに気持ちが元気になる。

そうこうするうち、予定したより早く燕山荘に到着した。そこでお昼の支度をし、いつの間にか離れてしまった仲間を待った。

医師と看護師の仲間たちは、連休を連休にするために、つまりこの山に来るために、前日まで厳しい勤務をこなしていたのだ。この時はすでに友人になっていた、父を見送った治療チームのナースも、前日夜勤を済ませてほとんど寝ずに参加していた。

先生の行動計画では、初心者の私を気遣い、最寄り駅近くのビジネスホテルで仮眠とあったが、それは彼女への配慮だったのかもしれない。

仮眠したとはいえ、急坂を登るうちにだんだんと疲れが出たのか、集団はふたつに分かれてしまった。先生の奥様と私がまったくの初心者だったので、一番経験者である先生がリーダーとして先頭を行き、次に初心者ふたりという隊列で、間は若い研修医やナースたち、そして、師長（当時の名称は看護婦であり、婦長だった）のご主人が列の最後尾につくという形で歩いた。

師長のご主人は大学の先生で、学生時代から山をやっていた経験者なので、サブリーダーとして最後尾を守ってくれた。このチーム編成も、山では当然のことのようだが、未知の私にとっては、理に適《かな》った集団行動の優しさが嬉しかった。

あの時はまだ山の中で携帯電話など通じない頃だった。遅れている仲間がどの辺にいるのか、連絡の取りようもなかった。

お湯も沸き、麺《めん》を入れるだけになったインスタントラーメンは一度置いて、荷物もそのまま迎えに行こうとなった。山用語で言うところの「空身《からみ》」で迎えに行くことになり一緒に下りた。そこそこの距離を戻ってやっと再会した仲間の顔を見たら、お互いホッとして遅れたナースのザックを引き受けて登り返した。

一緒に登り返しながら、ここに来るまでの間、それなりに気持ちが張り詰めて今日を迎えていたことに気がついた。山は初めてなのだから最低限の迷惑は仕方がないし、そこには目を瞑《つぶ》っていただくとしても、基本的に皆の迷惑になるまい、と心に決めていたのだ。せめて自分の荷物は自分で持つ。無理はしない、余計なものは持たない、できることは率先してやる。などと、妙な覚悟をたくさんしていた。

その自分が人を助けていることが、なんだかとても嬉しかった。迎えに戻ったことも、荷物を代わりに持ったことも、何も特別なことではなくて、遅れたナースのことも、誰も迷惑だなんて思っていなかった。当たり前のこと、お互い様なことでしかなかった。そんな温かさもとても嬉しかった。

日頃、俳優というちょっと特殊な仕事をしているから、きっと荷物も自分で持たないだろう、身の回りのことも人がやってくれるような生活をしているのでは、と思われているのではないか、などと身構えていた。特別な人間と思われないように、そうではないことを知ってもらわなければと、どこか肩肘《かたひじ》張っていたような気がするけれど、誰ひとり、何ひとつ特別扱いなどせず、人としてごく自然に仲間に入れてくれた。

そのことが本当に心地よく、この歳になって新しい友人ができたことも幸せであり、いまもお付き合いが続いていることが何よりも嬉しい。

みんな揃って小屋まで登り、お昼を済ませて燕岳の山頂に向かった。そして山頂の手前で雲海に浮かぶブロッケン現象を見た。

ちなみにブロッケン現象とは、雲海に、丸い虹《にじ》の輪を背負うように映る自分の姿が、観音様かマリア様のように見える現象を言う。ヨーロッパのブロッケン山で見られたからこう呼ばれるということものちに知った。

この時は、ただただ神々しくて、自然にぬかずきたくなる気持ちになった。山が神聖な場所と崇《あが》められ、山岳宗教というものが始まったのもこんなことからだったのかもしれないと思った。人間が一番偉いわけではないと感じられた出来事だった。

遠くからも白く美しい姿を惜しみなく晒《さら》していた、燕岳を作り上げている花崗《かこう》岩の山肌を、足を使って登り、手でも触れて確認した。あの美しく優しい山容の正体は、意外にもゴツゴツと荒くれた肌触りだった。

自分らしくなれる場所

初山小屋泊の燕山荘。小屋主・赤沼健至《あかぬまけんじ》さんのアルプホルンを聴き、翌朝早く起きて御来光も見た。御来光の遠く向こうに富士山が赤黒く浮かんで見えた。

なぜか御来光を見た日は雨が降ると言われるそうだが、その通りに早いうちから雨になり、シトシト降り続く中での山行も経験できた。雨すらも楽しいとしか思えなかった。

その中で何が一番楽しかったかといえば、ちょっと意外なことだった。

急に晴れてきた時などに、「ちょっと休憩！」と声がかかり、カッパを脱いだり、脱いだものを次に出しやすいように手早くしまう。そんな何ということもない当たり前のことを手際よくやるのが楽しかった。

ちょっと変わっていると思う。でも、これも山好きになったポイントのひとつだ。ささやかな工夫が山行の心地よさにつながる。人が人であるためにできる限りの努力をする。敵《かな》うことのない大自然のもとで精一杯の努力をしている人間がいじらしくもあり、愛おしく思えた。

雨が降り、歩けば汗もかき、体はジメジメするから、カッパの中は蒸れてなんとも気持ちが悪いものだ。それを晴れた瞬間に脱ぐことができて、脱いだ時の爽《さわ》やかさは想像を超えていた。雨がなかったら感じることのできない感覚だと思えば、嫌なことは嫌なことでなくなる。我慢があるからこそ、喜びが何倍にもなることが本当に幸せだった。山の中はそんなことだらけだった。

至る所に格言ありだ！　これが楽しくなくてどうすると思った。きっと知らない人、興味のない人にとってはどうでもいいことだと思う。でも、人がどう思おうと自分は楽しかったのだからそれでいいと心の底から思えた。

もちろん王道の楽しみもあった。「表銀座」と呼ばれるこのコースで、槍ヶ岳や穂高《ほたか》連峰が見えるのは、ある意味普通。でもこの日は雨で、ほぼ視界はなかった。初めて登る私は、見えない視界の向こうに何があるかもわかっていなかったが、神の計らいか、カッパを脱いで手早くしまっている一瞬の間に、目の前にその山々がパアッと姿を現したのだ。

隠されていたものが一瞬にして現れて感動をより深くするのは、歌舞伎の、かかっていた幕をパッと落とす振り落としの効果に似ていると思った。ずっと見えている何倍も感動は深い。

そこからは一転して好天気。見たい放題、槍、穂高の勇姿を堪能しながら、次の宿泊場所常念小屋に向かった。これは山の楽しみの王道中の王道と言えるのだろう。とにかく、楽しいと思うことが、次々自分に押し寄せてきて、息つく暇もない。

他にも、白い羽色に移りゆく少し手前の雷鳥も見た。真っ白も綺麗だろうけれど、冬に向かって変わっていく姿を想像できるまだらの雷鳥も悪くない。そんなことも嬉しかったことのひとつだし、高山の花の女王、駒草もまだ日当たりのかげんで群生している場所もあった。これもテレビでしか見たことはなく、初めて見る本物の姿だった。

ブロッケン現象といい、刻々と変わる自然の姿といい、すべてにおいて、この山行は私を山好きにするために誰かが仕組んだのではないかと思うほど盛りだくさんで、その後山に行き続けていても、あれほどエピソードが詰め込まれた山行は二度となかった。神が描いたシナリオで、そこに招かれた私の必然なのだろう。

だからと言って、次が楽しくなかったわけではない。毎回毎回見たこともないこと、経験したことのないことが起こるのも、いくつもある山の楽しみのひとつだと思う。

そして常念岳の常念小屋に泊まって一ノ沢を下山し、2泊3日の山旅は終わった。終わって東京に帰る前に、麓で入ったお風呂《ふろ》のまたまた幸せだったこと！

これも我慢したからこそ味わえた至福の時間で、たとえば都会で、この喜びを味わうために数日お風呂を我慢するかと聞かれれば、当然ノーと答えるだろう。わざと作った辛抱ではなく、必要な我慢をした結果なのだ。

汗みどろになる環境で、本来だったら、毎日お風呂に入れれば嬉しい。でも、山にはお風呂なんてないんだもの、仕方がない。あったとしても登山者のためのものではない。大地に負荷をかけるようなお風呂が、遊びに行っただけの登山者に与えられなくてもいいと思う。

それよりも、汚してはいけないと素直に思える大自然が目の前にある。美しい自然への敬意もすでに芽生えていて、進んで我慢もできる。そのおかげで幸せなお風呂に入れるなら、毎日お風呂に入らないことなんか大したことではないと思った。

ほとんどのことを我慢しないで済むほど便利な都会生活。逆にちょっと待たされただけでイライラしてしまうほど、便利に慣らされてしまっている。

自然は容赦なく待たせるし、なんの忖度《そんたく》もしてくれない。人間はただひたすら待つしかない。あるがままを受け入れて、その場にいさせてもらうしかない存在である。

でも、だからこそ感じられる喜びは、都会での便利さから得られる喜びの何倍か大きいことをこの初めての山旅で本能的に悟った。

自分に合った楽しさってこういうものだと、40歳にして初めて知った。

長年の友人たちは皆一様に驚いていたし、何が悲しくてそんなことをやりはじめたのと大まじめに聞く人さえいた。

そして、もうひとつ、いままで生きてきて、ただの一度も自分の身体能力を肯定的にとらえたことがなかったのに、生まれて初めて、もしかしたらそんなに劣っていたわけじゃないのかもしれないと思えたのも事実だ。これは凄《すご》いことだった。

ずっと運動音痴で、体力がなく、むしろ自分はひ弱だと思い込んでいた。

でも少なくとも、2763メートルと2857メートルの山を縦走して、なんとか登り切ることができた。来る前にはハイキング程度と言われたけれど、実際はそこそこ立派な山登りだったのに、ゴツゴツとした岩だらけのルートも、とりあえず仲間に大きな迷惑をかけることなく歩き通すことができた。

おまけに、下山途中に、岩と岩を選んで歩く姿を見て、リーダーから「意外とバランスがいいんだね」と声をかけられた。バランスがなんなのか、運動のセンスがあるのかないのか、もっと言えば山に登ることが運動なのかどうかもよくわからなかったのに、バランスがいいと言ってもらえた。

これは、自分の運動能力を人から褒められた初めての経験となった。そのことは大きな励みになり、その後次々とスポーツに挑戦するきっかけとなったのだ。心の底から湧き上がる嬉しさだった。こんな喜びは、それまで一度も味わったことがなかった。

否定するしかなかった自分の肉体に、潜在する能力があるかもしれないと認めることができた。このことで、自分が勝手に自分の限界を作っていただけなのかもしれないと気づけた。

いままでほとんどのことを、やっても無理だろうと決め込んでやらずにきた人間が、これをきっかけにいろいろなことに挑戦する人間に変化していく、大きな一歩を踏み出す原動力となった。

救われたことはまだあった。いままで、仕事に慣れずに焦ったり、俳優らしくない自分に悩んだり、だからこそ普通の社会人として生きようと心がけてやってきたけれど、実際人と新たに交わると、どうしても特殊な人だと見られ、思われてしまう。

結局どちらにも交われない孤独感を抱えて生きてきたが、山に行って、いままで会ったことのないタイプの人々と交流するうちに、かかっていた霞《かすみ》がスッと晴れていくような気がした。

山で会う人との話は私にとって何ひとつ違和感がなかった。俳優たちが好きなものの話をしていても、あまり食い込んでいけなくて、それは自分が悪いのだと思っていたし、日常生活で話しても、長年の友人以外には、特殊な目で見られてしまうことも多く、「あなたは普通の人じゃないから」と言われたり、そのように扱われてしまったり、常にもどかしさがつきまとっていたが、山で会った人たちとは、山という共通項でいくらでも話せた。

それは、俳優か、普通の人かという括《くく》りではなく、どちらの社会にも、自分と語り合える部分を持つ人と持たない人がいるというだけのこと。当たり前のことだとわかってはいても、なかなか見つけ出せない答えを探して苦労していた、そんな悩みは、もう必要ない。自分は自分らしくいようと心から思えた。

先生には感謝しかない。そして、誘ってくださいとお願いした自分も褒めてやりたい。

思っても行動に移せなかった私が、厚かましく口にした言葉で、こんなにも世界が変わるなら、生意気って言われたっていいじゃないと思える。それを、丸ごと受け入れてともに山に行ってくれた仲間たち、山小屋で会った小屋主さんたち。この人たちのすべてに感謝したい。

皆さんは、山の知識ももちろんだが、自然というもののあるべき姿や、自然に対して人間がどうするべきなのか、そんなことを普通の会話の中でさまざまに示唆して、知らなかったいろいろなことを教えてくれた。この出会いがなかったらいまの自分はない。

山とは、行けば死んでしまうようなところだと思っていたのに、山に行ってその楽しさを知り、当たり前だが、必ず死んでしまうわけではないことも知った。

では、危なくないのかと聞かれれば、イエスとも思い、ノーとも思う。どちらも真実だ。昔の自分を含めて、山を知らない人が思っているほど危険ではない。でも、たいして高くもない山を登っていても、常に、「あ、ここで落ちたら死ぬかもしれない」という危機感は持っている。

運悪く落ちた場所に尖《とが》ったものや、固いものがあれば、それは誰もが想像できること。そんな特別なものがなくても当然ダメージはあり、死につながらないとは言いきれない。

ただ、その危険を感じながら歩くことで、多くの危険は回避できる。

「じゃあ、やはり危険なんじゃないの」と言われれば、その通りだ。極端にいえば、たまたま死ななかっただけかもしれない。でもそれは都会生活でも同じこと。

ただ、そうして意図して危険を認識し、回避するための感覚を身につけることに意味はあると思っている。行かなくて済むなら行かなければ、危険ではないとほとんどの人が思うだろうけれど、都会生活だって、もともとは山の中と変わりない自然の中なのだ。人間の都合で形を変えられ表面を塗り固められて見えないだけ。一皮剝《む》けば普通の大地が昔のままに広がっている。

いつの間にか原形をとどめないくらい開発されて、大雨で道がぐちゃぐちゃになることも少なくなった。私の子どもの頃は、雨が降れば道はぬかるみ、長靴は必需品だった。風が吹けば埃《ほこり》まみれにもなった。いまは整備され、危険なものはないことのように隠されてしまい、都会にいれば自分は安全な気がするが、決してそんなことはない。近年、都市部でも野生動物と遭遇したり、大きな災害が報道されるようになった。都会も自然の一部なのだ。

さて、初登山を終えて帰宅した私は、しばらく放心状態だった。肉体的には経験したことのない負荷をかけられていたし、心の面でもあんなに次々見たこともないものを見、あまり会ってこなかったタイプの人々に出会い、大変な量の刺激を受けて、気分はマックスに高揚していたが、不思議と疲れてはいなかった。

その後何度も山に行くようになってからも、下りてきて疲れたとはほぼ思ったことがない。逆に体中に力がみなぎるような感じがする。脳内がドーパミンで満たされるのだろうか。でもまだこの頃は、楽しかったという〝事実〟だけで、それがなぜなのか、まったくわからないまま、次にどこへ行けるだろうかとばかり考えていた。

ただ、初登山の時に、歩けなくなってもひとりでは帰れないから進むしかないと考えたのと同じく、ひとりでは行けないと思っていたので、先生たちが次にどこに行くのか、常にアンテナを張り、いつ連れて行ってくれるのかをひたすら待つ生活だった。

一度などは、あまりに行きたくて、やっと白馬岳《しろうま》に行けることになったら、なんとギリギリで体調がおかしくなり私だけ行けなかったことがある。仲間に迷惑をかけてはいけないと泣く泣く断念し、じっと家で留守番することになった。行くつもりで仕事は休みにしていたので、残念な気持ちを抱えて家にいたら、もっと具合が悪くなり、皆さんの留守中に彼らの勤務先（父が世話になったあの病院）の救急外来を受診することになったくらいだ。

なかなか休みが取れない先生たちと、自分のスケジュールを合わせるのも至難の業だったが、とにかくお互いに調整しつつ、この頃立て続けにいくつかの山に行った。この短い間に、昭和30年代の登山ブームの頃の山の様子や、それからの山事情や、山での環境意識の変遷などを、リーダーの先生や、サブリーダーである師長のご主人から教えてもらい、山の知識は学校時代の勉強とは違って吸い取るように深まっていった。

実は私はあまりに小さくて覚えていないが、この昭和30年代の登山をふたりの兄が経験していた。家に登山スタイルの兄の写真もある。結構本格的にやっていたようで、谷《たに》川《がわ》岳の遭難現場に救助に行った話をうっすら記憶している。幼い私は何もわからぬまま、心配だったと話す父の様子から、山といえば死ぬというイメージが作られたのかもしれない。

ただ、のちに私が行くようになったことを兄は妙に喜んでいた。兄とは、それぞれ20歳近く歳が離れているので、可愛がってもらったけれど、話し相手や遊び相手にはならない。それでも妹が同じことをやり出すなんてやはり縁なのだろう。

私たちの道標のような人

先生たちとの登山は楽しかったが、忙しい現役医師やナースの皆さんと予定を合わすのも一苦労で、機会が限られて、気持ちは募るばかりでもなかなか行けなかった。

そんな頃に、たまたま仕事で、世界に名を馳《は》せる登山家・田部井淳子さんと会うことになった。この出会いが、初登山に続いて後々まで大きな影響をもたらすこととなる。

山をはじめて1年たつかたたないかの頃だった。いつ次の山に登れるのかもわからない状態の初心者が、いきなり世界最高峰を女性として初めて登頂した人と会い、大好きな山のことを語れるなんて！　その嬉しさは頂点だった。

どれほどのスーパーウーマンが登場するのかと、どきどきしながら箱根《はこね》の旧街道で待っていた。箱根旧街道の入口に現れた田部井淳子さんは、俳優の中でも小柄な私が、自分よりも小柄かな？と思うくらいの背丈のごくごく普通の女性で、やや拍子抜けした。

街道歩きだからか、登山用ではない軽装で現れ「息子のジャージを借りてきたの」とおっしゃった。のちにはご自分のブランドを立ち上げて、山でのおしゃれを提唱されたくらい、山のファッションにも気を遣っていたので、もし彼女がいま元気だったら、このエピソードをバラして怒られたかもしれない。ごめんね、淳子さん。でも彼女の飾らない性格を表す素敵な登場だといまでも思っている。

当時、小学校高学年の息子さんにも手がかかり、家事や子育てに奮闘していたから着るものは二の次だったのだろう。身なりより実を取り、留守がちな登山の間の生活を大切にしている印象だった。

その撮影は、母の日の特別編成による、日本中の頑張っているお母さんを特集するテレビ番組だった。五つのドキュメンタリーが制作され、田部井さんは5人いる主役のおひとりとして出演された。私は全体を進行しつつ、田部井さん編ではレポーター役も務めた。

山というジャンルは、実際と違うイメージが世の中に定着しているものだと、登るようになってから次々実感している。山を好きな人も、そうでない人もよく口にしていた登山家像があった。

大男、大女。いまならこんな言い方許されないのでは？と思うほどにやや偏見に満ちた言い方だった。特に女性の登山家については、必ずと言っていいくらい、「大女」というような表現をされ、でっかい、ゴツい、男みたいと、誇張した言葉をよく投げかけられた。

想像していた、というより、植えつけられていたそれは、まったく実際とかけ離れたものだった。男性の登山家でも、筋肉はついていても、大男という体格の人はあまりいなかったし、男女ともに比較的小柄な人も多く、背は高くてもスリムな人が多かった。

この日1日かけて旧街道を歩き、かたむく日差しが窓辺にそそぐ芦ノ湖《あしのこ》畔のホテルで、とっぷりとその日が暮れるまで話を聞いた。

肩肘張ることなく登山への思い、ご家族のこと、エベレストに登ってからのことなどたくさんの示唆に富んだお話を聞かせてくださり、その上、山初心者の私の的はずれな質問にも、ひとつひとつ丁寧に答えてくださった。

この時にどうやって連絡先を交換したかは覚えていないが、すぐに手紙と心づくしの品々を送ってくださったからきっと交換したのだろう。そして、それから、彼女が人生をしまうまで25年ほど続く、親戚《しんせき》のような付き合いがはじまった。あの時送られてきた山菜や蕗味噌《ふきみそ》などは、彼女らしくて、いま思い出してもニンマリしてしまう。

うちはそういうタイプの母ではなかったが、まるで実家の母のような、そして新たに親戚のおばさんができたような親近感を抱かせてもらった。

それから亡くなるまでの長い時間を、誰に対しても変わらぬ人懐こさでたくさんの人と触れ合う姿を近くで見せてもらい、母の介護で身動きできなくなった私のことも、それと感じさせないさりげなさで外に連れ出してくれて、閉塞《へいそく》感の中からいつもすくいあげてくれた。

「8000メートルの山も一歩一歩なのよ」。「裏山の楽しさとエベレストの楽しさは同じ」。「やりたいと思ったことはやろうとさえすれば必ずできる」。こういう言葉たちにどんどん背中を押され、10数年たった時、レベルは遥《はる》か下であっても、同じことを思い、同じようなことをやっている自分を見つけて嬉しかった。

実は、田部井淳子さんという人は、登山での功績はもちろんだが、女性の生き方の道標のような人だった。女性がやりたいと思うことを、周囲のたくさんの人を巻き込みながらいつか必ず実現している、そんなところがあった。

その人と知り合い、近くでその姿を見せてもらったことが、その後の人生をどれほど豊かにしてくれたかと思うと、この出会いをくれたテレビ局にも感謝しかない。

女性は女性としてあるべき姿のまま、年齢など気にせずに生きられるのが理想なんだろうけれど、まだまだ、女性の枠、年齢の枠にはめられがちな社会を、そうやってサラリとかわしている人の姿に励まされる思いがした。

そしていま、すでに私が高齢者と呼ばれる年代になっても、まだまだ目に見えない障壁は感じる。それでもさりげなくはねのけながら生きている。こんなことを思うようになったのも、登山を介して彼女と出会ったことが大きく影響している。

彼女は人と競うことは好まなかった。人と人、物と物を比べることもない、とてもニュートラルな人だった。

そして、彼女がやってきたことは、自然に女性の道筋を切り開いていったと、私は思っている。もしかしたら、ご本人も気づいていなかったかもしれないけれど、その功績は大きく、全女性に成り代わって感謝したいくらいだ。

田部井さんとの出会いがあってすぐ、だんだんとテレビ局にも私の山好きが知られてきたのか、白馬岳に登らないかと誘われた。白馬はまさに、先生たちが誘ってくれたのに、具合が悪くなってお留守番をした時の山だった。一緒に行ったナースたちから楽しかったとさんざん聞かされ悔しい思いをしたものだ。その白馬岳に登れる！と嬉しくてふたつ返事で出演した。

この時案内してくれたのは、白馬の名だたるガイドの方々で、その贅沢な同行者から、山のお話がたくさん聞けると意気込んで登った。それなのに、何を問いかけても、誰もが「うんうん、まあそんなことだね～」といった感じで、返事もそこそこにかわされてしまった。

なぜかわされたのか、なぜ答えてくれないのかの理由もわからず、「怒っているのかな？」「山ではおしゃべりしてはいけないのかな？」と不安になったが、ひたすら静かに登ってこの日の撮影は終わった。

後でわかったのは、彼らも慣れない撮影で緊張し、収録の邪魔になってはいけないと気遣って返事ができなかったのだとか。夜の小屋で真相が暴露され大笑いになった。

白馬は周囲の景色も壮大で、北アルプスの中でも際立って美しい山だった。この時の撮影が、また次のキリマンジャロに結びついていった。

このすぐ後に「エベレストママさん」というドラマで、田部井淳子さんを演じる機会が舞い込んできた。田部井さんのエベレスト登頂を描いた著書を映像化するものだった。

欲のないまま20年近く仕事してきた私だったが、この時は初めて、この役は私以外にできる人はいないだろうと偉そうに思った。紆余《うよ》曲折あってできなくなりそうな方向に事態が流れた時、生まれて初めて、本当に生まれて初めて、なんとしてでもこの役をやりたいと願った。

「エベレストママさん」は、最初に二時間ドラマで企画されたが、いろいろな事情に翻《ほん》弄《ろう》され、時間がかかるうちに、当初予定されていたドラマの枠がなくなってしまったのだ。そして当然企画は宙に浮いた。

ただ、そもそも企画の発案者だった制作会社のプロデューサーが情熱を持ってあらゆる可能性を探りながら気長に時機を待っていたと後で聞いた。渡瀬恒彦《わたせつねひこ》さんもこのプロデューサーのお友達で、内輪話としてお聞きになり、渡瀬さんご自身は出演されないにもかかわらず、ひと肌脱いでくださったとも後々知った。

私も、気長に待ち続けた。

復活はしても他の俳優に、なんてこともいくらでもあるから、できるかどうか不安でもあったが、こんなふうに何かを心に持ち続けていると叶《かな》うのではないかと念じた。そして、いつの間にか人が動いてくれてちゃんと私のところに帰ってきてくれた。それもご縁と本当に嬉しかった。

ただ、演じた時期はキリマンジャロに行く前で、5895メートルのキリマンジャロに登ってからやっていたら、高所への理解がもう少し違った気がして残念でならない。

田部井さんを演じ終わって少ししたら、白馬に行ったスタッフから事務所に「キリマンジャロに行かないか」と連絡があった。

ほとんどノリで誘われたようなものだが、こんなチャンスはまたとないので、行ってみたいと思った。でも不安は不安である。何しろ初心者が登れる山かどうかもまったくわからない。

すぐに田部井さんに電話して、「こんな話があるけど、私で登れる山でしょうか?」と聞いたら、「大丈夫、大丈夫、ゆっくりゆっくりゆっくり息吸って、ゆうっくり登れば登れるから」と明るく答えてくれた。

いま自分が、知らない人からこの質問を受けたら、「あなたの体力も能力も知らないから答えられない」と言うだろう。でも、田部井さんは、「思いがあったら、やればいい」と常に思っている人だった。

帰国して、「行って来ました〜。登れたよ〜！」と報告したら

「お〜登れたんだ〜、偉かったね。登れないかと思ってた」と言われた。

「え〜！　あなたが行けるって言うから、行ったのに〜！」

もう田部井さんったら！　知り合ってすぐの頃からすでに彼女らしさ全開だった。

彼女は絶対に人の思いを尊重する人だった。何事もその人の意志が大事ということだ。やるやらないは本人の判断。だから否定はしない。

でも、その人の資質をそっと見極めて、やろうという思いと意志があれば、ほとんどのことはできると信じていた人である。

実際「田部井さんが行けると言うならきっと行ける！」と頑張れた。

いつもその力に背中を押されて、思ってもいない場所にも立たせてもらった。その場所は山の頂上だけではなく、社会での役割や、学びや遊びなどずいぶんと広い範囲にまたがっている。

CHAPTER

2

山は
文化だった

「山と溪谷」と私

キリマンジャロに登ったことで、いつもの仕事とはちょっと違う取材を受けることになり、その頃から病院の先生たちとしか行けなかった登山の世界が少しずつ広がっていった。

インタビューは、キリマンジャロの話が聞きたいというある山岳雑誌の依頼だった。山とはかけ離れた都心のピカピカなホテルで待ち合わせると、芸能分野の人とは違う雰囲気をまとった取材者が迎えてくれた。仕事柄数えきれないほど取材は受けているけれど、いつもと勝手が違って新鮮でもあり、ほんの少し前に帰ってきたばかりのキリマンジャロについて話すのが楽しくないわけはない。

おまけに山については事務所も専門外なのでマネージャーは同行しておらず、山の友人の会話のようにすっかり打ち解けて話し、「いつか一緒に山に行きましょう」と盛り上がって別れた。

これが、その後長く続く出版社・山と溪谷社とのお付き合いの始まりで、山にまつわる大勢の人との出会いのきっかけともなった。ついでに言うと、原稿を書く、というもうひとつの憧《あこが》れを実現するはじめの一歩ともなった。

何かを書きたいとは思っていても、思っただけでは当然ながら書けるものではない。書きたい題材がなければ書けないのはごく当たり前のこと。でも、山と出会ったおかげで、話したいことができた。話したいことを聞いてくれる人が増えたことで、無口だった私がおしゃべりになった。

そう言うと、いつも笑われるけれど、山の話を質問されることが増えて、話す私が楽しそうだからか、聞いてくれる人も楽しそうになってくれる。そのおかげでしゃべることが普段の生活での自信にまでつながっていった。極端に言うとしゃべりたいことだらけになったのだ。40歳過ぎての大変身だ。

山に親しんでから、次々に新しい出会いを重ねている頃、友人から「アウトドア好き」だからと冒険家・九里徳泰《くのりのりやす》氏夫妻を紹介された。何しろ狭い登山界のこと、彼はキリマンジャロの取材に来てくれた編集者氏とも友達だった。

あの人とあの人もお仲間ということで、どんどんつながっていき、いつの間にか、最初の出会いが誰だったかわからなくなるくらい人間関係が複雑にからみはじめた。

そんなことはこれ以外にもたくさん起こり、友達の友達は皆友達と、どこかで聞いたことのある展開になった。

この編集者氏の誘いで、九里夫妻も含めて友人たちと山に行ったことがある。その時もノリで、「せっかくだからその山について書けば？」と言ってもらい、月刊誌「山と溪谷」で、初登山からのエピソードと、その時行った南アルプスの塩見《しおみ》岳について書くことになった。

その後、ごくたまにではあるが、山に行きその時感じたことや出来事を書かせてもらうという思いがけない展開が動き出した。それは仕事柄、事務所にとっては悩ましいものだったのだろうといまはわかるが、当時は自分にとって、ボーナスとも思える、天から降ってきたような幸運だった。

そこでの体験を書く機会をいただいて、やがてはそれが初めての単行本『山なんて嫌いだった』を出すことにまでつながった。

ある時、上野のデパートで山フェスタのようなイベントをやっていると声をかけられた。行ってみるとそこは山の関係者だらけでお祭りのようなにぎやかさだった。またしても周囲の人々は知り合いのようで、仲良く楽しそうに話していた。私もニコニコとその場にいたものの、何が何やら、誰が誰やらまだほとんどわからなかった。

その中のひとりから、「アルパインツアーの社長さんだよ」と指さされた芳野満彦《よしのみつひこ》さんは、失礼ながらどこでも見かける気のいいおじさんに見えた。デパートの駅弁祭りの売り子役が着ているような、鮮やかなブルーの法被をまとったこの方は、山岳界の重鎮なのだという。

「へー、社長さんなんだ……」

旅行会社の社長で、登山家……？　それぞれの肩書きはいかめしいのに、この好々爺《こうこうや》のような人はいったいどなた？　登山家が旅行会社を経営しているということも理解できていなかった。

よく考えれば、アルパインツアーは、名前の通り、アルピニストのための旅行会社であって、登山家が社長でも何ら不思議はない。他にも秘境専門の旅行社なども存在していて、登山と旅行業界は密接なつながりもあった。

そんなことも知らない私には、普通のおじさんが社長で登山家で、デパートで法被着て物販しているというのは、もうなんのことやらさっぱりわからなくて心の中は迷子になった。

おまけに、その人は、人懐こい笑顔を全開にして近づいてきた。そして「あんたにこれやる」と1冊の本をくださった。

『山靴の音』という芳野さんの著書だった。

少し後になってようやく、この本は山の名著と呼ばれる作品だとわかった。

『山靴の音』は、芳野さんが、中学生で始めた山にのめり込み17歳の時一緒に登った親友を失くす話から始まり、本当に次々人が死んでしまう本だった。

いま読み返しても、小説のような導入部からいきなりその世界にグッグッと引き入れられて、胸がドキドキする。

「昭和23年12月19日（晴）

めずらしいほど、そして無気味なほどに空は高く澄んでいた」

という描写で始まる八ヶ岳《やつがたけ》での遭難の様子。

まだ若かった彼の悔恨とともに綴《つづ》られ、モノクロ映画のように深く静かに読む人間を惹《ひ》きつけていく。生と死の狭間《はざま》で戦い、敗れた友。生き残った芳野さん。まだ少年と呼べる年齢。この若さでこのような体験をすることはなかなかないだろう。

彼らの目に映ったものはまた、当時の自然を表すと同時に、当時生きていた人の姿も伝えてくれる。とても20歳に満たない人の文章とは思えない。昭和初期の教育を受けた人の文章は端正で上品だとしみじみ感心する。

ただ、この本は恐ろしいまでに人が死ぬ。ほぼ一章ごとに人が死んでしまう体験談は、本も好きで結構読んでいるけれど初めてだったかもしれない。「山は行けば死ぬ」という過去の思い込みを、初登山でやっと氷解させてもらったはずなのに、なんだか逆戻りさせられてしまった。

人の生と死を否応《いやおう》なく見つめさせられ、冷徹なまでに突きつけられて、甘っちょろい感傷は打ち払われて抗《あらが》うことができない。そんな凄《すご》みがある。

恋人とさえ思っていた山に岳友を取られ、復讐《ふくしゅう》のために登ると宣言するかのように語っていく。

この考え方は、山を知らない人にはおそらくまったく理解できないだろう。もし当時、SNSがあったなら、ツッコミのコメントだらけになりそうな予感ありありである。だが、そのうちなる気持ちが、復讐という強い言葉の陰に隠されている並々ならぬ山への愛情は、「わかる」と言ったら、「お前ごときが」と、山を深く知る人に怒られそうだが、初めて読んだ時から、わかると思ってしまった。

知らずに、「行けば死んでしまう場所」と思っていた頃とは明らかに何かが違う。すでに山に惚《ほ》れ込んでいたから、この気持ちはわかる人間になっていたのだろうか。

初登山の時も、高尾山《たかおさん》程度の低山でも、それなりの高山でも、きちんと三点確保（四本ある手足の三本を必ずどこかに支えておくこと）しながら登れば、なんとか登れるし、想像していたほど危険ではないことは知った。

なんでもない場所でふと躓《つまず》いて、たまたま悪い条件が重なれば簡単に死ぬことも、体で感じることができた。それは、山に限らず、どこにいても人間とはそういう存在なのだ、とも思った。

それでも生きている意味を見つめに山に行く人、命知らずと見える冒険をする人の気持ちは丸ごと理解できると思ってしまった。少なくとも、そのことがわかっただけでも、山を知ってよかったと思っている。

山の名著といえば、『黒部の山賊』を思い出す。トイレシンポジウムだったと記憶しているが、大規模な会合で山小屋の人が集まった時に声をかけられ、お話しした小屋主さんのひとりが著者だった。

その人は伊藤正一《いとうしょういち》さん。三俣蓮華岳《みつまたれんげ》の三俣山荘など複数の小屋を経営する小屋主さんでもある。芳野さんとはまた違う柔らかい雰囲気の方だった。ドラマでキャスティングするとしたら、大学教授ってこんな人かなと思うような、学者の雰囲気を放っていた。

芳野さんが知的でないということでは決してない。当然、人を見た目でどうこう言うつもりはなく、ただ初めてお目にかかった時の状況や、その人がかもし出す内面の雰囲気に感じたことであって、小屋主さんたちは皆さん、とても知的であることを心の底から知っている。

小屋を預かる人々は、山の中では法律にも似た存在だと私は思う。時に叱られることもあるが、山を愛し、登山者の安全を願うからで、経験と知識に裏付けられた行動には、ただ尊敬の念しかない。

伊藤さんに学者のようなと感じた理由は本書を読んですぐにわかった。彼は、山小屋の主人の前には、ジェットエンジンの発明に没頭する研究者だった。

戦争を挟んだ時代のことで、戦後しばらくはそんな機運も途絶えてしまったのだろう。それが彼の人生を変えることになった。

お目にかかった頃のお住まいは東京だった。変なところでご縁があり、お住まいの周辺に私の友人知人が住んでいて、その人たちと伊藤さんは近所付き合いもあった。

登山をして新たに知ったことだが、小屋主さんは必ずしも地元の人でなく、東京在住や湘南《しようなん》在住などという方もいる。

さて、この本は、当時新聞でも取り上げられ話題になったという、後立山《うしろたてやま》連峰界隈《かいわい》(雲ノ平《くものたいら》)の山賊の話である。と同時に、伊藤さんが三俣蓮華岳や水晶《すいしよう》岳の小屋を手に入れていく過程も描かれているのだが、語り口も科学者らしく理詰めなところがあって、そういうお人柄が初対面でこぼれ出ていたのだと納得した。

山小屋を自分のものにしていく話なんて、それだけでロマンがあってなかなか興味深いのに、本当にそこにいるのかいないのかわからない、ネッシーやヒマラヤの雪男のように、まるで猛獣とでも言わんばかりにカリカチュアライズされた山賊が出てくるのだから、おもしろくないはずはない。

当時は情報が限られたため、噂話が伝言ゲームのようにどんどん膨らみ、とんでもない物語や、実際以上の存在が、人の頭の中で作り上げられたのではないかと思われる。時代もまだそういう、泥臭い風俗にまみれた社会だった。立山に昔から言い伝えられる山賊が、実在するのか、しないのか、わからないからこそ魅力的でもある。

山の中だけでなく日本中が、土地や家屋の所有者も境界線もクリアにされていなかった時代のおもしろさだ。でも、その滑稽《こっけい》さの中に、伊藤さんの山に対する真摯《しんし》な愛情は、芳野さんの著作、『山靴の音』と同じく、確実に根底を流れていて、ずんと深く伝わってくる。

『山靴の音』も、『黒部の山賊』も、偶然描かれている時代は、日本の戦後すぐの頃のこと。日本という国の未来も不確定だったからかもしれないが、関わる人々も、やや乱暴だがたくましくて、とても蠱惑《こわく》的だ。

黒部ダムができる前、黒部は人を寄せ付けない秘境だった。だから、このような伝説にも似た話が人の想像を掻《か》き立て、見たこともない妖怪《ようかい》のような存在を作り上げ、人の心をくすぐったのだろう。

実態がわかれば、意外にも世相を反映した生身の人間であり、当時の自然環境や人の営みをうつすものだった。

昭和30年代にあった山ブームにもまだ少し時間があり、当然ながら、人がレジャーで山に入るなんて考えられない、戦前から戦後への混沌《こんとん》とした時代の物語だ。

やがてダムができ、登山道が整備され、黒部もすっかり様変わりした。

人工衛星から地球上のあらゆる場所を見ることができ、いまや世界に秘境といえるところはなくなった。一時、ヒマラヤの8000メートル峰がもう一座あるかもしれない！と、一瞬世界がわき立ったが、実は違った。なんでも見えてしまう現代に、そんなワクワクする発見ももう期待はできない。まったく夢のない時代になった。

でも、ちょっとだけ夢のある、嬉《うれ》しい話を聞いた。

伊藤新道再整備というニュースだ。

『黒部の山賊』の舞台でもある、伊藤正一さんが整備した伊藤新道は、近年廃道同然になっていたそうだ。それを、息子の圭《けい》さんが、クラウドファンディングで費用を集め、歩く楽しみを味わえる道として蘇《よみがえ》らせたのだ。

都会の道しか知らないと、未整備の道を「道ではない」と思うようだが、歩きやすいのは、圧倒的に土の道だ。登山道でも、もともとある地形を生かして、石も岩もそこにあるものを、少し移動したり、積み重ねたくらいが一番歩きやすくて、楽しい。

伊藤新道や小池《こいけ》新道など、その山をよく知る人が整備した道は歩きやすい。小屋の人の目も行き届くから、登山者にも優しい。新道は、加えて、元の自然に近い形を維持して、橋をかけずに川を渡るなど、あえて不便に作って、歩きに遊びの要素を持たせている。秘境・雲ノ平への入口として、登山者を誘う魅力的な導入部となりそうだ。最小限の整備で抑えているので、登山者も試される。準備は怠らずに行きたい。次世代に夢の広がる嬉しい知らせだった。

歩くことで紡がれた物語

好きな山の本はたくさんある。おそらく知らなかった山を知ろうと、のめり込むように読んだのだろう。好きになると一直線に掘り込む、オタク気質が私にはあるようだ。そのおかげで、山という、肉体を使うスポーツとしての局面だけでなく、そこにまつわる文化の面でも知識が広がり、山での妄想を限りなく豊かにしてくれている。田部重治《たなべじゅうじ》『山と渓谷』、辻《つじ》まこと『山からの絵本』、鷹沢《たかざわ》のり子『芦峅寺《あしくらじ》ものがたり』などたくさんあって書ききれない。これらに描かれる、人が入ることを拒むかのように存在した昔の山にひどく憧れを覚える。

戦争の前も、昭和初期、大正、明治とさかのぼっても、実は戦後すぐのこの頃の山とそう変わらないのではないだろうか。いまは変わってしまった。それほど、戦後日本が進んだ道が、山の奥深くまで変えてしまったということなのだろう。

山は人の原点を教えてくれる場所だと思う。比較的早い時期にお目にかかったおふたりの著者から、2冊の著書を直《じか》にいただいたことが、私が持っていた本来の自分を目覚めさせ、その後の山への志向性を決めたのではないか。

ひとりで深く入る山。できるだけ自然のまま、あるがままの姿を確認できる山。そんなものに強く惹かれる。

そして、それを表現するための言葉を持つこと。山によって紡がれた物語、詩や文学、紀行文、絵画、芸術一般、当然写真も入るが、それら山を歩くことによって紡がれた物語に触れて、山の内面にある芸術の要素を知ったことが大きかった。

そういう芸術を生み出し続ける先達にもごく早い時期に出会い、親しくさせてもらった。初期に出会いが続いたことが、山という文化を嗜《たしな》む上で恵まれていた。

だからかどうかわからないが、私の山登りは妄想が道連れになっている。

たとえば、見えている岩壁の歴史を思い浮かべたり、地質が氷河の名残なのだと教えられれば、その時代の様子を頭に描きながら歩き、また、槍ヶ岳は信仰のために僧が拓《ひら》いたと聞けば、その頃の行者の姿で岩に張り付く播隆《ばんりゅう》上人を目に浮かべながら歩く。

幼い頃、空想の世界で遊んでいた少女が、山という場を得て、本領発揮したのかもしれない。仕事柄、時代の装束を思い浮かべることはたやすい。そんな利点もある。手も、足も、目も、耳も、鼻さえも、あれこれ感じとるために忙しいが、頭の中はもっとたくさん想像して、とにかく動く。受けられる限りのあらゆる情報を取り入れて、自分の中に豊かな時間が流れていく。不思議な登り方だけど、私流の山の楽しみ方だ。

とにかく山を知ってから、次々にいままで会ったことのない人と出会っていった。あちらこちらの山に行けば、行く先々の山小屋で個性豊かな小屋主さんも知った。それも山の楽しみのひとつだ。自然を味わうのはもちろん一番の楽しみだけど、あの小屋のあの人に会いたいと山に行くことだってある。

行けば必ずいてくれる人に会えるのは、故郷を持つ人の感覚のようなものだ。私にはもう、生まれた場所にふるさとといえるものがないから、そういう場所はより一層ありがたく感じられる。

小屋主さんたちは、皆、個性的で、一見普通のおじさんなのに、中身はなかなか濃い、一筋縄ではいかない人々だ。

伊藤正一さんから本をいただいた時、シンポジウムには、北アルプスの山小屋の主人たちが参加していた。ずらりと並ぶ長老然とした方々の中にひときわ若い小屋主さんが目についた。先代から引き継いで間もない頃の燕山荘主人、赤沼健至さんだ。最初の登山の時に、昼食後ラーメンのつゆを捨てていいのか悩み、ある人に聞いた。その人が赤沼さんだった。

ただ、私に再会というほどの自覚はなく、話しているうちに、あ、もしかしたら、あの時に、と気がついて、「私、初登山の時にお目にかかっていますか?」と恐る恐る聞いてわかったというのが正確な状況。

ああ、やはりあの時の方だと理解したのだが、初登山当時は、誰が誰だか、何もわからなかったし、赤沼さんももっと若かった。

初登山の時、燕岳から縦走して次に泊まった常念小屋では、小屋主の山田さんが、ヴァイオリンを弾く少年時代の可愛い写真を見せてくれた。なかなかおぼっちゃまだ。「あの頃の黒部には、主と言われる大イワナがうじゃうじゃいて、顔を洗うとばちばち当たるほどだったんだよ」と話してくれた。

それから少し時代は進むが、90年代に黒部源流をカヤックで下った現モンベル会長・辰野勇《たつのいさむ》氏からも伝説と言われた源流下降当時の話を聞いた。この時にもまだ、黒部には大きなイワナがうじゃうじゃいたそうだ。

そんなことが嘘ではない、誇張でもないと信じられるほどの濃い自然があり、入る人もまだまだ少なかった時代。こんなロマンあふれる時代はないのではと、想像しながら胸が熱くなる。絶対に叶《かな》わぬ夢とわかっているが、そんな時代の山に行きたかった。山を好きになってからずっと思っていることだ。

山が一般に親しまれるようになったのは、それほど昔ではないのかもしれない。「木曽路《きそじ》はすべて山の中である」というように、至るところ山だらけの日本だから、昔の道はほとんどがおそらく山の中だ。道ともいえない道を、泥だらけ、埃《ほこり》まみれで移動したはず、町中の道も土の道。だから時代劇の旅籠《はたご》では必ず足を洗う桶《おけ》が出される。明治や大正にも、仕事で入っていた人はきっといるし、遊びで入った人も、数は少なくてもいるにはいただろう。

すでにその頃から山小屋もあったと山小屋の歴史にも聞く。でもおそらく、小屋と言ってもごく粗末なもので、庶民の遊びにはなかなかならなかったのではないか。

体験をまじえて、ちょっとだけ話を誇張しながら、昔話を聞かせてくれる小屋の人とのおしゃべりは楽しい。

ある時、新聞で「10月3日を登山の日にしよう」というシンポジウムがあることを知り、有名な登山家が登山の日の制定を願って討論をするというので、千代田《ちよだ》公会堂に飛んでいった。

ヒマラヤの山々で名を馳《は》せていた登山家の講演が聞けると、山初心者は誰よりもミーハーだった。この時の登壇者のおひとりとは、後にトレッキング協会で活動をともにすることになった。

この会で聞いた、登山家・今井通子《いまいみちこ》さんの話がいまも心に残っている。

今井さんは、「山は五感を駆使した学問である」というお話をされた。

なるほどそういうことか、確かに目も耳も皮膚感覚も触感も足で踏んだ感触も、肉体のすべてから届く情報を味わい、百科事典から受け取る知識と同じくらいたくさんの刺激を処理する。そんな山でのすべては学問なんだ……と、これまでの短い山体験と照らし合わせても、深く深く共感できた。

このシンポジウムの数年後に、同じシンポジウムのパネリストとして招かれることになった。夢枕獏《ゆめまくらばく》さんとともに声をかけていただいた。山初心者としては申し訳ないやら、誇らしいやら、かなり複雑な気分だが、素直に嬉しかった。

「山のキャリアはありませんけど、気持ちだけは熱いです」と引き受けた。

この時に、穂高岳山荘の小屋主・今田英雄《いまだひでお》さんと出会えたのが、またひとつ忘れられない出来事となった。

登壇者として招かれたシンポジウムが終わって、打ち上げのような会が近所の居酒屋で催され、関係者が勢揃いした。山関係の錚々《そうそう》たるメンバーが揃い、小屋主さんたちも各地から集まっていた。

一際目立つ男性が、手で、目の前の座布団に来るように促した。強面《こわもて》で、ゴツゴツとした印象の人が、私に何か……。ひぇ〜！　何か怒られるのかな？と思ったが、有無を言わせない雰囲気があり、恐る恐るお邪魔した。

その人が穂高岳山荘の今田英雄氏だった。

呼んでおきながら、ほとんどおしゃべりはしてくれず、じっと鋭い目で見つめられた。無言の圧で語っていたのを勝手に想像すると、「女優だか何だか知らないけど、昨日今日山はじめたくらいで偉そうに言うなよ」と言っているような気がした。

被害妄想かもしれないけれど、決して好意的ではないと思った。でも、キャリアの差はわかりきっているし、そう言いたくなる気持ちもよくわかり、この圧には逆らう気もなかった。

「山を愛する気持ちはそんなに変わらないんだけどなぁ……」と思うのが、せめてもの抵抗だった。

ただ、この件には後日談がある。しばらく経って、北飛《ほくひ》山岳救助隊の永年勤続者の表彰式というのに招かれた。その会場で今田さんと再会したのだ。

「おっ」と思って身構えたが、40分の講演を終えて、親睦会《しんぼくかい》になった時のこと。

今田さんがすっと寄ってきて、耳元でそっと「あんたの言ってたこと俺の考えと一緒」とささやいて、ビールをついでくれた。驚いてお顔を見るとニヤッと笑った。

なんだか、山男の優しさが身に染みて、飛び上がりたいほど嬉しかった。

そういえば、母方の祖父は明治の人で、明治末年に生まれた伯母《おば》や、大正生まれの母、つまりふたりの娘を富士山に誘ったことがあったそうだ。

山など興味のない頃に母から聞かされた話で、まだ日常を和服で過ごしていた時代の富士登山だった。

母は私に、「おじいちゃんは行こうって言ったけど、私は嫌だから断った」と言っていた。それなのに、なぜか私が登山をはじめたら、

「自分は昔から山が好きだった」と、ころっと変えた。

「ええ？　山なんか行きたくないって断ったって、言ってたじゃない！」と問い返してみたが、サラリと受け流された。

山に興味はないと思っていた母が、「昔から山好きだった」と主張を変えて、その後何度も一緒に行った。「娘と張り合っているのよ」と知人が笑っていたが、実際はどうだったのだろうか。

張り合うなんて、なんとなく母らしくないけど、娘にその真意はわからない。山に行って元気にもなり、楽しそうでもあったのだからまあ良いことにしておこう。

そして、2000年の頃だったか、田部井さんは女性の活躍に関心を寄せていて、高齢の女性登山家からお話を聞く機会をたびたび作ってくれた。

そんな場で、母より10歳年上の、日本の女性登山家のレジェンド、今井喜美子《いまいきみこ》さんのお話を聞く機会があった。

今井さんが95歳の時に、田部井淳子さんが開いた講演会で、それはまさに母の富士山

と同じ頃の話だった。お父様の背広を仕立て直して登山着にした話とか、人を雇って登ったこととか、当時の写真を映写しながら話してくださった。

「父の背広をつぶして、洋服屋に登山着を作らせましてね」

「人足を雇って連れてまいりましたの」

我々、戦後民主主義育ちの人間が聞くと多少違和感のある語り口ではあったが、母もよく当時の身分差の話をしていたから、そういう時代だったと想像はつく。

お金もかかったし、人にも身分差がはっきりあった時代のことで、富士山は誰もが行ける場所ではなかった。

それに、上品な語り口は、今井さんが差別をしていると感じさせるものではなかった。私たちの子どもの頃も、まだ十分そんな身分差を感じさせる風習は残っていた。いまの人からしたら平等でないと義憤を覚えるかもしれないが、職人さんは裏口しか使わなかったし、門付けの人は絶対に玄関からはこなかった。

物心つく頃はまだ戦後復興の途上で、ごく普通に、暮らしの中に職業上の身分差や、区別は残っていた。駅員や警察官、学校の先生などは意味もなくいばっていた印象が強く、商人や職人は必要以上にへりくだっていた。

でも、幼いながらに感じていた違いは、いま思う差別とは少し違って、職業文化とも言えると思う。今井さんのお話は感覚として理解できた。昔の富士山での実体験。時代背景も含めて大変興味深い話をたくさん伺い、有意義な講演会だった。

今井喜美子さんと同時代に山で活躍した女性は何人かいる。

当時存命の女性登山家最高齢の黒田初子《くろだはつこ》さんとは、淳子さんのお母様も同じテーブルを囲む、田部井家の私的なパーティーでお話ができた。

また、今井さん黒田さんのやや後輩にあたる坂倉登喜子《さかくらときこ》さんとは、仕事で早池峰山《はやちねさん》に登ったことがある。この方たちは、私の憧れの、あまり整備されていない時代の山に登っている女性たちだ。当時の雰囲気を直接ご存じの方々に伺う話はおもしろかった。そして皆様、共通に凜《りん》としたたたずまいの女性だった。

坂倉さんは、一緒に歩きながら、「山には必ずひとつテーマを持ちなさい」、そして「山ではおしゃれでなければね」と言った。

女性らしさも失ってはダメとばかりに、オリーブ色の仕立てのニッカボッカを、おしゃれな山シャツと合わせて身につけ、主催山岳会のシンボル、エーデルワイスのブローチを第一ボタンのあたりに留めていた。

「汚くて嫌だな……」なんて、街行く登山者に思っていた過去はすっかり忘れて、「山ではどうせ汗だくになるんだし、少々汚くても良いのではないか」などと、この頃すでに思っていた私は、ちょっと恥ずかしかった。女は女らしくという価値観に抵抗があったから山と出会って男っぽく振る舞うことをかっこいいと思うようになっていた。それは未熟者の発想だったということか……。

背筋を伸ばして、颯爽《さっそう》とした歩き方を崩すことがない坂倉さんは清々《すがすが》しく、おそらく当時85歳は超えていたはず。男らしくも女らしくも関係ないかっこよさだった。

登山後新幹線で一緒に戻り、東京駅で別れた時も、美しい後ろ姿を見せて軽やかに去っていった。素敵だなぁと、その美しい背中にしばらく見惚《みと》れた。

話は立山方面にちょっと飛ぶ。その言い訳のようだが、先週ある場所にいたのに、次の週は別の山塊にいて、そこから先週の山が見えるとなんだか胸が熱くなるほど嬉しい。これって、おそらく山好きアルアルで、山に興味のない人からは、それがどうしたと無視されるところだろう。日本列島が見渡せるのではないかと思うようなパノラマも本当に幸せをくれる景観だ。

自分がそうだったからだが、切り立った山の中はずっと険しいと思う人が多いのではないか。

針のように尖《とが》って見える山も行ってみればそれほどでもなく、安全に歩ける広さがあったり、遠くから見て想像するのとはずいぶん違うものだ。

もちろん、槍ヶ岳のように先端が尖って狭い山頂もあるけれど、その槍ヶ岳でさえ、20~30人が立てるスペースはある。

ただ、私はいつも、あの遠景を想像してしまうので、立つ時に腰が引けて「早く写真撮って~!」と叫んでしまう。高所恐怖症とはちょっと違って、高いことより、槍の穂先の形を知っているので、あそこに立っているという想像の怖さに負けるのだ。

反対に、同じような高い山でも、きつい登り坂を登った先の天空近くに、遠くから見た時には想像もつかない広い草原のような場所がひらけていることも多い。

これぞ高山の醍醐味《だいごみ》といった景色が見られ、そういうところはたいていお花畑となっている。季節になると花が咲き誇り、池塘《ちとう》という小さな池が点在したり、平和で充実した時間の流れる場所でもある。本当にこの世の天国と思う。

これればかりは行ったもの勝ち。行かなければ見ることはできない。ただ、ひとつだけ問題なのは、花満開の季節などは、どうしても人が多くなることである。

そういう時は、皆が見たいのだから仕方がないと諦《あきら》めて、少し近くにある、最高ではないけれどそれなりに咲いている場所で我慢をすることにしている。

1番は有名だから、いろいろな人に注目されて、我先にと願う人も多く、少し殺伐としがち。でも、2番以下になると、拍子抜けするほど人が少なく自由にその場所を味わえる。最高を求めなければ、穴場の場所は意外にあるものだ。

最高とか1番は人によって違い、混雑を避けることが1番でもいい。

1番でも2番でも、美しければ楽しいし、争ってその場を占めるものでもないし、見せびらかすものでもない。

池塘や、湿原が、広場のように展開するところはたくさんある。立山の中ほどに広がる弥陀《みだ》ヶ原《がはら》湿原などがイメージしやすいのではないか。

そういう場所は全国にあって、大きいものも、人知れずある小さなものも、各地に見つけることができる。ほとんどがひっそりとあるので人に見つけられず、見つけた時の喜びはひときわ大きい。

私の夢は、『黒部の山賊』にも出てくる、雲ノ平にずっと滞在して、見える限りの山に登ることだ。雲ノ平の名の通り、雲に近いところに広がっているからなのか、雲が漂うように広がっているからか、命名の理由は知らないが、北アルプスの尖った山に囲まれた平らな、文字通り平和な場所と思っている。

いつかはそこに、できるだけ長く滞在し、見える限りの山に登っては帰る生活を送ってみたい。もうずっと願っていることだが、いまだ実現もしていない。見えるところまでは何回か行っていても、なかなかたどり着かない。

そこに行くだけでも時間がかかり、どうしても雲ノ平まで行き着けない。その上、あのあたりには、10時間以上歩かないといけない温泉とか、行ってみたいけど実現できていないところがたくさんある。となるとまだ体力のあるうちに行かないと、と焦る。

雲ノ平は夢のままでは終わりたくない。

室堂山ですれ違っただけの人

立山界隈は山が大きく深いのに、ダムが観光拠点でもあるから、道がいくつもあり、比較的行きやすい。そのせいか、思い出もたくさんある。

あいにくの台風接近を逆手にとって遊び、おまけの楽しみのはずが、大当たりになったことがある。

ある時仕事で、立山から全国各地に山の映像をお届けする番組に声をかけられた。当然、行くつもりで準備していたのに、いきなり大型台風北上となって中止になった。

普通ならそこで諦めるのだろうけれど、この台風は本州の東側を通る予報だった。ということは、西側は比較的勢力が弱めになる。だったら、台風の進行に逆行して出かけると立山に着いた時は晴れていると思いついてしまった。

ちょうど関西在住の友人も、その時期に立山方面に行くかもしれないと聞いていた。

仕事はキャンセルになったばかりで、急に別の仕事が入るはずはない。このチャンスを逃す手はないと思い、立山に向かうことに決めた。

すぐに友人に連絡して、彼女は剱岳《つるぎだけ》の下にある剱沢の救助隊詰所にいる知り合いに会いに行くというので、山の中で待ち合わせることにした。台風に逆らい新幹線に乗って行くと台風のスピードが早まったのか目的地に近づくにつれどんどん晴れていった。そして、電車やケーブルを乗り継いで到着したら、計算通り山は快晴！

この日の宿、天狗平《てんぐだいら》山荘に着くと、小屋主も小屋のスタッフもみんな友人。彼らは、この日の撮影の地元関係者でもあるから、中止の事情も、それに乗じて立山に行く私のことも知っている。小屋に入ると、笑顔で「やったね」とハイタッチしてくれた。

翌朝、台風一過の快晴。雄山《おやま》から大汝山《おおなんじやま》、富士ノ折立《おりたて》を越えて、最高の眺望を楽しみ、立山連峰を独り占めにして歩いた。人の少ない立山連峰の稜線《りようせん》。最高だった。

関西からくる友人とは室堂乗越《むろどうのつこし》で待ち合わせた。

と言っても、信号があるわけでも、はっきりわかる交差点があるわけでもない場所である。剱沢から上がってくる友人と、雄山側から縦走する私が会いやすい場所を目的にお互い時間調整して会おうという、都会風に考えると非常識な待ち合わせ方だ。

でもこの渋い待ち合わせ方は結構好きだ。そして当たり前のように会えた。そこからまた小屋に戻るために雷鳥沢《らいちょうざわ》に下りて行く途中、雷鳥が家族で遊んでいるのが見えた。それがあの辺りで雷鳥を見た最後だった気がする。

ところが、登り返しの最後くらいで急にひどく疲れて、私の足がやたら遅くなった。そういえばあまり食べていない。山言葉で言う、シャリバテの状態。お腹が空《す》いていることに気がつき、あとちょっとというところだったが休憩して、持っていたおやつを食べ、もう一度力を振り絞り、天狗平山荘まで戻った。その日は友人とともに泊まった。

そして翌日、今度はふたりで雷鳥沢まで下りてまた登り返して、前日待ち合わせた室堂乗越を横目に、奥大日岳《おくだいにち》、大日岳を越えた。そのまま私は東京に戻り、友人は関西に帰って行った。

大日岳の下りは、ほぼまっすぐ下りる恐ろしいまでのきつい下りだった。一歩が大きくて確実に膝《ひざ》にくる。

小屋のお母さんは、その時おそらく現在の自分より10歳は上、80歳はゆうに超えていたはずだ。結構なお年だったけれど、数年前まで毎日登っていたそうだ。

「登りはいいけど下りは嫌だね」とおっしゃるが、そこを下った。

「室堂乗越で待ち合わせね」との提案は友人からだった。山女は、なかなかかっこいい待ち合わせ場所を提示してくる。

お互い住む場所も関西と東京で違い、携帯はあっても基地局がまだなかった頃。よく会えたものだと感心する。

こんな遊び方って、それまで考えたこともないけれど、縛られないでそれぞれの目的を果たし、本当に会えるのか心配な場所での待ち合わせも、はらはらしながらちゃんと会えることがいい。互いを信頼できる山を熟知した友人は貴重だ。

こんな自由、悪くないなあと、我ながら悦に入った。

突然思い立ってフットワーク軽く行けたのも若さからか。初登山が40歳だから決して若くもないが、行きたい情熱はまだまだ盛んで、チャンスを摑《つか》む勢いも衰えていない。

こういう楽しい山登りができていたのは、やはりあの頃、次々いろんなところに行き、友人との付き合いも密だったからだ。

その後訪れた母の介護という時間は避けられなかったし、それはそれで大切な役割だったと思っている。ただ、山ということで言うと、この時のブランクは、つながらなくなった人間関係も出てきてしまい、残念ではある。

立山エリアでもうひとつの思い出、室堂山でちょっと変わった出会いがあった。『山なんて嫌いだった』を書き終えて、山のHow To映像を撮ろうとなった。行けるならどこだって行きたい時期だから喜んで引き受けた。

その撮影をしていた時のこと、室堂山展望台という、山頂なのか、単なる眺望のいい丘なのか、いまひとつわからない区分けの、界隈では比較的低いピークに出かけていた。そこは、標高3000メートル前後の華やかなピークが立ち並ぶ立山ではちょっと地味な場所ながら、薬師《やくし》、槍、穂高まで見渡せる眺望が魅力だった。

あまり人が来ない時期だったので、ひとしきり撮影を終えて、カメラクルーとのんびりひと休みしていた。

そこに、ひょいっと女性がおひとりで現れて、我々に「撮影ですか?」と声をかけた。カメラマンやクルーが話していたら、「あら、市毛《いちげ》さんよね?」とその人は私に気づき、続けて「よかったら写真ご一緒にいいかしら?」と言った。

室堂周辺は人でごった返していたので、下での撮影の時は、混乱を避けたい一心で、なるべく目立たないようにしていた。それは仕事柄身についてしまった癖に近い行動だ。

見ていただくことが仕事なので、勝手なこととは十分承知しているが、収拾のつかない状態になった経験も一度ならずあり、先回りして混乱を避ける癖が身についてしまった。

おまけに山は、私にとっても特別な場所。仕事であっても自分自身に還《かえ》れるところを大切にしたくて、わがままを承知でつい個人の思いが先に立ってしまう。

そんな思いが頭の中でクルクルクルッと回り、一瞬のためらいはあったものの周囲に人は誰もいない、ならば大丈夫と、「はいっ」と答えて一緒に写真を撮った。

『山なんて嫌いだった』が出版されて、室堂山の記念撮影からもかなりの時間が経った。そんなこともすっかり忘れた頃に、出版社から、単行本の読者カードが送られてきた。その中に彼女からの読者カードとともに封書のお手紙があり、とても丁寧に本の感想が書かれていた。

それどころか、「写真を」と言った時の、私がふと見せたためらいに気づいていたと書いてあった。見抜かれていた……。

ああ、あの時のあの方だ……とすぐにわかった。

「そのかすかな心の揺らぎが気になって、家に帰ってしばらくしたら本屋さんにあなたの本が並んでいたので、買って読んだ」とお手紙ははじまる。

続けて、「あなたの本を読んで、なぜあの心の動きがあったのかがよくわかった」と。

その上、いくつかの場所について細かく感想を書いてくれていて、こんなふうに本を読んでくれる人もいるのだと知り、なんだか嬉しかった。もちろん、人目を避けてしまうことは、職業上よくないことかもしれない。そのことに対するお叱りも覚悟して書いた本だったので、このような受け止めは意外だった。

実際「何ページの何行目から何行目までを読んであなたを嫌いになりました」という感想を送ってきた方もいた。それも仕方がない。

俳優は見てくれる方あっての仕事だとよくわかっている。だから、批判も覚悟の上だったし、嫌われて仕事ができなくなるかもしれないとも思っていた。

それでも嘘は書きたくなくて、覚悟して本音をさらけ出したのだが、そこをまっすぐ受け止めてくれる読者もいるのだと知って本当に嬉しかった。

あれから何年経っただろうか。

その人が、実はいま、私にとって大切な友人のひとりとなっている。

こんな不思議なことが起こるのも山の素敵なところだ。あれ以来、時々互いのことを報告し合うようになり、気がつけば、いつの間にか親友のようになっていた。

俳優に向いていないと悩み続けた理由のひとつが、恥ずかしがり屋な性格がなかなか改善されないことだった。作品を作ることは、仕事の中でも、やってきて楽しい部分である。ただ、恥ずかしさを拭《ぬぐ》いさるのに意外にも長く時間がかかった。

現代の子どもと違って、控えめ、奥ゆかしさを求められて育った世代は、自意識を捨てることがなかなか困難だったのだ。

演ずる恥ずかしさは少しずつ拭われてきたが、素の自分の時には、どうしても、「自分などとても俳優と言える存在ではない」と思ってしまうので、写真をと言われても、「写真をご一緒する価値なんてありません」となり、撮っている状況の恥ずかしさに耐えきれないのだ。

俳優なのに目立ちたくないという面倒くさい性格を抱えて長年やってきたので、こんなややこしいことにもなり、どうにも生きにくい。

そんなことを含めて彼女は理解してくれた。

年代も近く、高齢の親を世話していた時期も重なり、介護情報の交換をしたり、互いに精神的な支えとなった。

その後、親しく話すうちに好きなことがとても近いことがわかっていった。

通常のドラマの仕事以外にも、朗読やコンサートの語りなどをやるようになった時に声をかけると、「私チェロが大好きなの」などという答えが返ってきて、適当に話を合わすためだけの会話でないことはわかった。

山だけでなく、歴史的建造物や、神社仏閣や教会が好きとか、それ以外にも趣味の世界がやたら近く、文章を書く人でもあった。だから最初の手紙に心うたれたのだ。そして彼女がすすめるものや場所は私も大好きになり、絶対の信頼を持てた。

またごく最近知ったことだが、実は育った環境がとても似ていた。

山ですれ違っただけの人なのに、その後こんなにお付き合いが深まっていくとは、当然あの時には思わなかった。人との出会いは本当に不思議だ。

ひとりで登った山でも、ほぼ行きずりの人と、親戚《しんせき》のようなお付き合いになったこともある。それは南アルプスに行った時のこと。大人になってなかなか経験できない出会いは、やはり山という特殊な場所だからと思っている。

幻のジャンダルムデート

私はもともと、海の方が馴染《なじ》みのある人間だった。海に囲まれた静岡県・伊豆《いず》半島の生まれだし、海も山もスポーツはほとんどしてこなかったが、親が横浜《よこはま》育ちだった縁もあって、長崎や神戸《こうべ》、横浜、函館《はこだて》など、古くから港が開けた場所に心惹かれ、いつかは横浜に住むと勝手に思い描いていた。

伊豆にも、鎖国時代に開港を迫られた浦賀《うらが》、長崎、函館などの後、下田《しもだ》条約が締結された下田がある。

そんな縁もあってか、海の向こうに海外を感じる場所にやたらときめく。これも実際見えるわけもない港の先の海外を思い描く、空想・妄想の世界なのだ。

友人たちもそんな私を知っていたから、海の見える場所に住むイメージはあったようだが、初めて登った山で、すっかり山好きになりからかわれた。

しかし登山仲間から広がっていった人の輪の中から、海の遊びに連れ出してくれた友もいて、マリンスポーツもそれなりにはまった時期もある。いまはすっかりご無沙汰《ぶさた》だが、カヌーやカヤック、ダイビング、サーフィンなども一時はかなり本格的に楽しんだ。どちらが好きと分けるものでもない。ただカヤックと山は、あまりたくさんの道具を使わないで、ほぼ身ひとつで遊ぶという意味で精神が近いと思っている。

山を始めてすぐの頃、キリマンジャロから戻って、日焼けや怪我などのアクシデントに備えて少し仕事を空けてあった時期を利用して船舶免許を取った。運転免許を取った時に思った次の目標をひとつずつ片付けていった感じである。ついでにダイビングのライセンスも取り、泳げないのは良くないかもしれないと、水泳も習った。

それなのに、カヤックをやってみたら、エネルギーは自分の肉体だけ、という考え方がしっくりきて、動力付きの船の免許も酸素ボンベなしではできないダイビングのライセンスも、単なる資格で終わらせつつある。

免許のための勉強はとても楽しかったし、免許を取った時の人との出会いも貴重だった。そして知らない人と同じ経験を積むことも仲間意識が生まれることもいい経験となった。

結局、ほぼ使うことのない免許なのに、取るためにはそれなりに苦労もしたから、捨ててしまう勇気も持てずに5年にいっぺん更新している。この小市民的とでもいうかおのれの小ささ。これでいいのかな……？と複雑な思いを抱えてもいる。

要するに、山であれ海であれ、自然に身を置くのが楽しくて、じかに地球を感じることのできる遊びが大好きだ。自分の小ささを実感できるのも山と同じくとてもいい。ただ最近は、いろいろある現実と闘ううちに少し遠ざかってしまって、再びはじめるには、海のリスクは山より少し大きく思えて、乗り越える勇気が持てないままだ。

海にも文学はあるし、たくさんの本も出ている。

海で言うと、ジャック・T・モイヤーさんと短い間だったが親しく心を通わせることができたことは、とても楽しく、誇らしい思い出である。ずいぶん前に、「良枝《よしえ》、再会するまでに10年は長すぎるよ」と言われていたのに、約束を果たせないままだったのが、悔しくてならない。でも、何人も友人を紹介して、皆三宅島《みやけじま》の海を堪能《たんのう》して帰り、その友人たちが私とモイヤーさんの間をつないでくれていた。

モイヤーさんの、彼が日本に来たばかりの心境をつづった著書が、短期留学していたニュージーランドでの自分の不甲斐《ふがい》なさを救ってくれて、大切にしていたものだった。

あるシンポジウムが初対面だった。そこで、ニュージーランドでの話も伝えて、不安な心を支えてもらったお礼を言った。その後も偶然お会いする機会が何度もあって急激に仲良くなっていった。

いつもどこかで応援してくれていると信じられる、実際会った回数以上に見えないところで支えてくれた年上の友人だった。

彼は優しすぎたのかな……。ある時突然自らこの世に別れを告げてしまった。

モイヤー先生の死は、本当に悲しい出来事で、いまも彼の優しい笑顔と果たせなかった約束が心に貼りついたまま離れない。人との出会いや相性は不思議なものである。

山を知る前とは格段に死と向き合うことは増えた。それにともない人の命について考えることが多くなった。

2018年、あるニュースが飛び込んできた。南伊豆の海でカヤック中の男性ふたりが行方不明というものだった。場所はよく知っている海域だった。

伊豆は故郷でもあるし、特に南伊豆は子どもの頃から親しんだ場所であって、青春時代にも演劇仲間と夏に長逗留《ながとうりゅう》したり、大人になってからもことあるごとに訪ねていた。

なおかつ、アウトドアを始めてからは、南伊豆といえば、胸ときめく聖地とも言えるところだった。

思い出にこと欠かない特別のエリアで、海側からも、陸側からも行ったことがある。伊豆半島は比較的都心から近いのに、南伊豆は、伊豆の中でもやや交通の便が良くなく、移動に時間がかかる。子どもの頃は自宅のあった修善寺《しゅぜんじ》からでもバスで3時間もかかった。災害の影響を受けやすい場所なので、地震や台風などで道が寸断されることも多く、人を寄せ付けない秘境のような自然が残されている。

山好きにもカヤック好きにも有名なのに、一般の知名度はそれほど高くない。だからこそ、日本では、珍しいほどに豊かな自然が残されていてとても幸せな場所だった。

ただ、そこを何度も訪れカヤックで遊んだ時に、駿河《するが》湾内とはいえ、ほぼ太平洋に交じり合うあたりで海流は複雑に影響しあっていて、もしもここで天候が荒れたら、小さなカヤックなどひとたまりもないとリアルに想像できる場所だった。

第一報に触れた時、見知らぬ人とはいえ、心にひっかかって、荒れる前にどこかに避難できていたらいいなと思った。

翌日、彼らが変わらず行方不明で、仲間が現地に駆けつけているという第二報が、知人から私に入った。事態がすんなりとは飲み込めなかった。

見知らぬ人と思っていたふたりの男性とは、穂高岳山荘の名物支配人、宮田八郎《みやたはちろう》さんと、山岳ガイドの木村道成《きむらみちなり》さんだった。事実が確定されるまでにはしばらく時間がかかり、改めて複数の仲間が捜索のために伊豆に向かっているという。

強いおふたりだった。絶対大丈夫と仲間はみんな信じた。でも悲しいことに、木村さん、宮田さんとの別れは、しばらくして現実となってしまった。

宮田さんは穂高岳山荘に行けば必ずお会いでき、ただお顔を見るだけで安心するような方だった。映像撮影では、立地の良さを活《い》かして素晴らしい作品をたくさん残していた。穂高岳山荘には彼のラボもあり、すごい機材をたくさん揃えていた。そして山に対しては、優しくて厳しくて本当にパワフルな人だった。

木村さんとはいくつものご縁が重なって勝手に仲良しと思っていた。最初にお会いしたのは、彼が八ヶ岳の赤岳《あかだけ》鉱泉で仕事していた頃で、自分だけの秘密の場所があると、目立たない場所にある、とっておきのお花畑に連れて行ってくれたり、「ここが大好きな場所」と言って、クライミングのフィールドにも連れて行ってくれた。

その後も折に触れて交流があったが、ちょっと間が空いて、数年後、映画「岳」に出た時に現場で再会して、その偶然を喜びあった。

実はこの映画は、すでに母を介護中だったので、最初に話をいただいた時、どれほど時間を空ければいいのかと、母を預ける先の算段も含めて、半分悩み、半分は1ヶ月でも2ヶ月でもなんとかしようと覚悟して挑んだ作品だった。

ところが私の役は小屋のおばさんで、山にはほとんど行かず、比較的近場の山で済んでしまうとわかり、「えー、私を山に連れて行ってくれないなんて!」とガッカリした。

奥穂高岳の撮影では、私はすでに出番を終えていた。山に行けないと残念がる私に、撮影に関わる山仲間がサポートしてくれて、本隊とは別に、隠密行動をとってプライベートで行こうと誘ってくれた。

撮影隊には内緒だったのに、早々に登山口の上高地《かみこうち》バスターミナルで鉢合わせして、秘密の行動はあっけなくバレた。スタッフもおもしろがってくれて、結局ほぼ行動をともにすることになった。なんだかなぁ、私は、おもしろさ半減なのだが……。

途中で、下山する私の山仲間に会った。「泊まっていけば」と誘って、横尾《よこお》で一緒に宿泊した。山は歩く道がたくさんあるわけではないから、こういう偶然も結構多い。久しぶりに会った彼らだったが、撮影隊は彼らから情報をもらってスケジュール調整したり、それぞれ情報交換する場面にもなった。

翌日友人たちとは別れて、撮影隊と一緒に穂高岳山荘まで登った。

「岳」の時は、実はこの時以外にも、自分の出番終了後現場に遊びに行っていた。

1回目の最初に行った山荘は、小屋主が友人なので、撮影隊に先回りして裏でスタッフとして働いて、到着を待った。結局小屋が忙しすぎて、撮影隊と話す暇もなく撮影終了まで山荘スタッフとして頑張った。

穂高岳山荘は規模も大きく、混雑していたので、邪魔になってはいけないからと慎んだ。と言いながら、結局は邪魔になっているのだが……。

奥穂高岳山頂の撮影に向かう日は、木村さんが一緒に歩いてくれた。残雪期でもあったので、彼は「僕が市毛さんとデートする」と撮影スタッフやガイド仲間の前で宣言して、ずっと付き添ってくれた。ひとりでもしものことがあったらという彼の優しさと、ありがたく思っている。

本当だったら、撮影隊のサポートなのに、その人を独占することになってしまって申し訳なかったが、赤岳鉱泉の頃を思い出すようで楽しかった。

山頂で皆が撮影している間は、近場で映り込まないように気をつけながら遊んでいたが、冗談で「ジャンダルムまでデートしようよ」と言われた。

ジャンダルムは、魔王でも棲《す》むかと思う、奥穂高岳山頂の前に突き立つ岩峰だ。山に慣れていても尻込《しり》みする、厳しいけれど、山好きの誰もが憧れる山だ。

木村さんとならジャンダルムも怖くないかもと、行ってみたい誘惑にはかられたが、いくらプライベートといっても、もしも出演者のひとりである私が転んで怪我でもしたら、撮影全体に迷惑をかけてしまうので諦めた。いまとなっては、もう果たせない約束、幻のジャンダルムデートになってしまった。

山男ふたりがなぜ海の事故でと思われる人も多いと思うが、登山とカヤックは身ひとつで自然と対峙《たいじ》するという、基盤となる考え方が近いのか、交わる部分が多い。おふたりはこの後予定していた知床《しれとこ》の冒険のための訓練で南伊豆にいたと聞いた。

仲間は誰も、「自然を知り尽くし、強くて優しいこのふたりが帰ってこないなんて考えもしなかった」と嘆いた。彼らほどの人でも闘えないほど、自然は時に大きな力を発揮して人間に試練を与えてくる。その中で生かされているのが人間なのか……。

CHAPTER

3

「自分の山をやりなさい」

『山なんて嫌いだった』

赤ん坊の私を見て「この子は育たない」と祖母が泣いたと聞かされている。それほど小さくてひ弱な少女だった。子どもの頃は、体育の授業も運動も嫌いだった。そんな子が、長じて山に登るとは誰も考えはしない。おまけに山の本を書くなんて、誰が想像しただろうか。まずもって本人が一番驚いている。

中学生の遠足で、東京都のはずれにある景信山《かげのぶやま》に登った時だって、「行かされている」と、思春期の生意気さ全開でぐずぐず文句を言っていたような子だった。

どちらかと言えば、読書や、編み物が好きで、おとなしそうに見えたらしい。編み物や刺繡《ししゅう》など手先のことは好きだったが、そのイメージは、面はゆくもある。つまり女の子は女らしくと、嫌というほど刷り込まれた時代だったけれど、手先のことが好きだからと言って女らしいとは限らず、実際女の子らしい女の子ではなかった。

俳優になってから、あるプロデューサーから、「市毛さんって、いつも本を持っていて、学生か図書館の司書のような人ですね」と言われたことがある。

俳優としては褒め言葉ではないが、こちらの方は近いかもしれない。ひとりっ子のように育ったのと、中学生から親とも離れて暮らしたので、頭の中で忙しく空想をめぐらして架空のお友達と遊ぶようなちょっと変な子だった。そして、いまや誰も信じてくれないけれど、無口だったから、片隅で本を読むもの静かな印象はあっただろう。

そんな子が、そこそこの年齢になって初めて、見たこともない世界をのぞいた。

知らなかったことを知った新鮮さが嬉《うれ》しくて、熱っぽく話す山素人の私を、冒険家・九里徳泰氏がおもしろがってくれた。自分たちが忘れている初心者の気持ちを、感情のままに語る私の表現がひとつひとつ変わっていておもしろいと彼は言った。本人はいたって真面目だったのに。そして、気づけばいつの間にかおしゃべりになっていた。

やがて初心者目線の山の話を本にすればなんて提案が、冗談のように飛び出してきた。キリマンジャロ以来の山と溪谷社との付き合いもあり、山に行くたびに小文を寄せてはいたのですでに何編かはある。それをベースにしてはと、なんとなく周囲が動き始めた。

山のことは事務所としてもよくわからないから、かなり自由にやらせてもらっていたので、事務所には断りを入れる程度で、個人としてやらせてもらえた。ということは、何もかも自分でやらなくてはならず、すべてにおいて初めての経験だった。こんなスタッフ的な感じも結構しっくりきた。

企画会議は通り、打ち合わせをと言われた。その日、次々集まった関係者のひとり、おそらく偉い立場と思われる方が「いゃ〜、これでできたようなものだね」と別れ際に言った。え？　そんな簡単なことだろうか。そんなはずはないと素人の私は焦った。

読書好きだから、勝手に思い描いていた文豪のイメージはあった。お断りしておくが、もちろん自分を文豪と勘違いしたわけではない。そこまで厚かましくはないが、作家と編集者の関係で、「ホテルに缶詰にされる」とか、編集者が家に詰めてアイデアをくれたり、書き方を教えてくれたり、「先生原稿はできましたか？」などと聞いてくれるなんて、いつの時代のことかは知らないけれど、見てきたように思い描いた。だがそれは風船のようにすぐにはじけた。

そんなことなどいっさいなく、しばらくほったらかされ、秋が更けて冬が来て、その年は暮れていきそうだった。

昔の文学少女が勝手に物書きとはこんなことと妄想しただけで、決して山と溪谷社の悪口を言っているわけではない。実際文芸作品の出版社と登山専門の出版社ではやり方も違ったのだろうといまはわかる。

山と溪谷社は、当時で70年ほど続いていた山岳図書の老舗《しにせ》だった。そして雑誌「山と溪谷」は、1年も2年も前から、花や、紅葉や、雪山など、季節を先取り取材して誌面を作り続けて来た山岳誌の草分け的存在であり、単行本も10年以上あたためている企画を抱えた、良心的な会社だった。

ここに扱ってもらえることは山好きにとっては誇らしかった。1年に出版される山関連の本も多く、抱えている著者も多い。文筆業の著者ばかりではなく、小屋主さんや、山関係の専門職の方とのお付き合いも多くて普通の出版社とは違う雰囲気だった。働いている人もほとんど山好きで、本格的な登山家も、各分野に詳しい専門家も多かった。仕事なのか趣味なのかはたから見たら境目もわからず、何だか皆さん楽しそうだった。

最終の新幹線で着いてそのまま編集室を訪ねるなんて常識ではないと怒られそうなことも、着いてみればそこは昼間と変わらぬ時間が流れていた。当時まだ、働き方改革など思いもつかない、世の中もゆるーく物事が進んでいた時代でもあった。

夜中に遊びに行くとたくさんの社員が普段通り、昼夜逆転して帰らずに仕事していた。

山岳部の部室ってこんな感じかなと思うけれど、床でゴロゴロ人が寝転んでいるのにも驚いた。

この頃の出版社はどこも似たようなものだったが、それにしても、男くさい雰囲気でなかなかすごい景色だった。ただ、部室のように活気あふれた編集室はおもしろくて、仲間のように接してくれることも楽しくてよく遊びに行った。あまりなじんで長居したのでアルバイトと間違われたこともあった。

それはさておき、しばらくして、あ……、どうもこれは、自分で書くしかないようだとやっと悟った。もちろん最初から誰かに書いてもらおうなどとは思っていない。ただ、もう少し出版社が関わってくれるものかと思っていた。

書く人間と編集者は、我々俳優とマネージャーの関係に似ていると勝手に思い、いいマネージャーが俳優をどうリードするかでその俳優の運命は変わるものだから、編集者もそういう仕事だろうと想像していたが、あれは明治、大正か、昭和初期の話だったのか、私の妄想か？　少なくとも現代の素人にそんな手厚い待遇はなかった。

では、自分でなんとかしなければと、ひとりでパソコンに向かった。ちょうど世の中もワープロからパソコンに移りゆく時代のほんの初期の頃だった。

改めて同じ山に登らないと忘れているから書けないと心配したが、書き始めてみると、そんな心配はどこへやら、この10年ほどの山を、もう一度登るような楽しさで、頭の中は一気に当時の映像であふれかえった。

目の奥にバーチャルリアリティーの世界が広がるようで、その景色を追うように夢中になって書き続けた。どうも物事を映像で記憶する人間らしい。

まず頑張って一章分を書いて、一度編集者氏に会いたいと連絡し、直接会って読んでもらった。打ち合わせから少し時間が経っていたから、彼はちょっと意外そうにしていた。

「まあ、こんな感じで続きも書いてみてください」と言われ、雑談して別れた。

その時彼は、「この調子では今年は間に合わないな」と思ったのだろう。そんな内心などこちらは知らないから、言われた通り素直に続きを書いた。たまたま家には誰もいない時期で、自分の面倒さえみればいいという環境もあって、仕事以外の時間は書くことだけに専念できたのが幸運だった。

火がつくと結構ストイックで、会食や遊びの誘惑はすべて遠ざけ、食事は作り置きを冷凍して、預金を取り崩すようにそのパックを取り出し解凍して、日によって少し味付けや食べ方を変えただけで調理に費やす時間を短縮してとにかく書いた。残念ながら食事の質はかなり落ちたが、一生続くわけではないからと自分を慰め、贅沢《ぜいたく》は排除した。

終わりが見えて来た頃に、やっと友人の誘いに乗って久しぶりに外で食べた食事は、人と話しながら食べる楽しさと、人が作ってくれる料理のおいしさに、この上なく感動したものだ。これも我慢のおかげかもしれない。そして約2ヶ月で書き上げてしまった。

文豪の体験はできなかったが、もう一度登るように、山での出来事を書く感動は、一粒で二度どころか二度も三度もおいしくて悪くなかった。

とにかく息を詰めるようにして一気に書き上げた。運転免許の時もそうだったが、時々こういうエンジンがかかる人間のようだ。

さて、ここからは、ガラッと展開が変わった。孤独だった執筆作業と打って変わって、さまざまな人の手があちらこちらから差しのべられてきた。

それはまた、自分以外の人が、紙はどうしよう、装丁はどうしよう、色は……と、まるで我が事のように考えてくれて、向かうべき先を示してくれる共同作業となった。編集者氏もエンジン全開で大奮闘してくれた。

ちょっと出来の悪い子を、よってたかってお風呂《ふろ》に入れて、髪を整え、綺麗《きれい》な衣装を着せて、シャッキリ姿勢を正して更生させてくれるような感覚だった。

自分が書いた文章なのに、自分の手を離れてみんなのものとなっていくのを、ちょっと遠くから眺めるような、何やら説明のつかない感情で、1冊の本に出来上がっていく様子を見つめた。もちろんその真ん中に参加しているのだが、同時に1枚紗《しゃ》のかかった出来事のようにも思えて、それはとても幸せな時間だった。

本というものはこんなにいろいろな人の手が入り、たくさんの人の想いが込められているのだと思うと単価は決して高くないと思った。

ちょうどその頃、1年前から誘われていたエベレスト街道に出かけるという登山家の田部井淳子さんからの誘いが実現に向けて動きだした。

完全に1ヶ月仕事を休んでネパールに行き、エベレストベースキャンプを目指すというもので、仕事は前もってなんとか調整してもらうように頼んであったが、事務所には冗談半分、本気も半分に「1週間に1日だけ仕事を入れてやる」なんてからかわれ、本の進行とともにまだ確定できずにいた。

「エベレスト街道のトレッキングに行かない？」と、田部井さんに誘われたのが、1年前の冬、実際に行くのは1999年の5月とのことだった。

さかのぼること4年前。1章で少し触れたけれど、田部井さんには1995年にも一度、エベレスト街道に行こうと誘ってもらった。その時は3ヶ月の滞在予定でニュージーランドにいた。

やっと確保した長期休暇で英語を勉強しに行ったのに、まったく成長が感じられず涙ぐむ日々だった。それでは何のためにと諦《あきら》めきれず、自らに課した目標に少しでもたどり着くことが大切と、当時の事務所に期間の延長を頼み込んだばかりだった。

田部井さんと行くエベレスト街道はものすごく魅力的だったけれど、それにも増して、自分の情けなさが嫌で、定めた目標は自分にとって貴重だった。せっかくのお誘いは惜しかったけれど、泣く泣く諦めた。

田部井さんには正直に伝えて謝ったら、「いいなぁ海外生活、私も勉強したいな」と理解してくれ、応援してくれた。彼女は英語を話せるのに、「私も留学したい！」と言った。どこまでも好奇心旺盛《おうせい》で、向学心あふれる人なのだ。

それ以来やっと実現する。その時期と本の校了が重なってしまった。仕事も、事務所ははっきりと言わないけれど、何かが進みかけているようでもあった。

やがて、編集者氏の考えていた時期よりもずっと早く書き上げたものだから、最終ひとつ前の校正作業まで済ませてくれれば行っても構わないとお許しが出た。

彼は根っからの山屋で、ヒマラヤは大好きだったから、本音では私を行かせたかったはずだ。最後の校正は山の標高など実務的な確認をするけれど、本人でなくても問題はないとのことでゴーサインが出た。

ネパールに行って、帰ると本が出来上がるという具合だ。

後で聞いたことだが、やはり、彼は、今年は間に合わないから来年でいいなと思っていたそうで、まさか今年に間に合うとは、というのが本音だった。

急に担当する本が1冊増えてしまったから、彼の日常はフル回転になってしまい申し訳なかった。いまなら働き方改革とやらで、できなかったかもしれない。

エベレスト街道の21日間

旅の同行者も田部井さんの学部の教授や、論文のための調査に関わる環境専門家ばかり。「あなたがいても浮かないグループだから安心して参加して」と、いつもながら気遣ってくれた。もちろん、田部井さんのお友達の輪に交じったことは何度もあり、何の心配もしていない。

とにかくやっと一緒にエベレストベースキャンプに行けることがただ嬉しかった。田部井さんを師匠と慕い、お誘いは断らないとかなり初期に決めていたので、前回は泣く泣く……だったし、山に関しては、行きたいと強く思うことが、たいてい数ヶ月後には自分をその地に運んでいた。今回も、周囲が呆《あき》れるうちに、何とかうまく仕事と仕事の間を縫うように時間があいてきて、タイムリミットすれすれに確定し、関西空港で待つ田部井さんたちと合流できた。

ネパール、何という魅惑の響きを持った国の名だろう。

初めて踏むネパールの地。自分でも驚くほどに何の違和感もなく、排気ガスだらけのカトマンズの雑踏も、顔立ちも皮膚の色も濃いネパールの人々の顔も、平らな日本人の顔からしたらまったく違うのになんだか懐かしいような、なんだか昔から知っているような不思議な感覚に囚《とら》われた。

ごみごみした街並みも、子どもの頃の、戦後復興に向かう活力にあふれた日本のようでもあり違和感はなかった。それにしても人の発するエネルギーの濃さは日本の比ではなく、圧倒もされ魅了もされた。

出かけてくるまでは、毎日、7、8時間から、長ければ10時間も歩き続ける生活や、高度障害に対する不安、文化の違い、食生活など、人並みに心配ごとはたくさんあったけれど、ついた途端に、何かわからない懐かしさに包まれ、不安感は吹き飛び、ワクワクする期待のみが残った。

小さな飛行機でルクラという小さな山間《やまあい》の町に飛び、そこから1週間から10日かけてエベレストベースキャンプまで行き、そこに数日滞在してまたカトマンズに帰るまでの全行程21日間の旅。それは想像していた世界とは大きく異なる時空だった。

しかし、カトマンズから飛び立った小さな飛行機のまあ怖いこと。切り立つ山を縫うように飛び、美しいのは本当に美しくて、見たこともない絶景だけれど、それよりもぶつかりはしないかヒヤヒヤして落ち着かない。

「わ。綺麗！」という歓声と、「おおおお！」という悲鳴が交代に響いた。そしてたった30分ほどの飛行ののち、到着するルクラの空港がひときわ怖い。短い滑走路が見えて、周囲は高い山と崖《がけ》に囲まれ、まるで空母のような、狭くてゆるく斜めに傾いている滑走路に降りていくのだ。素人が考えても、突っ込む角度や止まるスピードが難しそう……。

着陸できた時に必ず拍手と歓声が上がると聞いていたが、実際搭乗者全員「うわーっ」と声を上げ、大拍手で生還を喜び合った。生還という言葉がこれほどしっくりくるところはない。

ちなみにいまルクラの空港は、初登頂のエドモンド・ヒラリー卿《きょう》とシェルパのテンジン・ノルゲイの名を貰《もら》って、テンジン・ヒラリー空港と改称されている。

エベレスト街道とは、ネパールの、世界最高峰・エベレストを目指す登山家や、周辺をトレッキングする人が通る道を言う。現代日本では、街道とは車も通る道のことを言うけれど、エベレスト街道に車は通らない、いや、通れない。ヤク（ウシ科の動物）は通るが、馬車は通れない。日本では見つけるのが困難になった昔ながらの土の道で、険しい山間を行くから、人がやっと行き違える程度の幅しかない。

田部井さんとの初対面の場所だった箱根旧街道をイメージしてもらったら少し雰囲気が伝わるかと思うが、とはいっても日本と違って湿り気はカケラもない。川は流れていて水量も豊かだけれど、地面も周辺の景色もほとんどが乾燥していた。

あれから20年以上経ったからずいぶん変わったと聞いてはいるが、エベレスト街道が歩く道であることに変化はないだろう。

そんな山間の道を約10日かけてエベレストのベースキャンプまで行く。登頂を目的とする人はそこからまたエベレストやそれぞれの山に向かう。

歩きはじめは比較的なだらかな道を、標高5000〜6000メートルの山々を縫うように進むから、景色のスケール感が違い過ぎて目の焦点を合わせるのに、2、3日かかった。ということに気がつくのにも時間が必要だった。

すぐ目の前に見える丘のような山がやけに見えにくく、目がモヤッとする。なぜ見にくいのかわからなくて必死で焦点を合わせようとしてもなんだかスッキリしない。どうしてだろうと思ったら、地図では近くの低い山が5000メートルもあった。つまり目の前で、丘のように見えると思っても実はかなり遠くにあるということなのだ。だからピントが合いにくかったとやっとわかった。

自分たちが歩く道もだんだんと高度が上がっていき、途中には小さな街があった。石造りの宿や、掘っ立て小屋のような宿や、塀に囲まれた広い庭を持つ宿など、街の大きさによっていろいろあったが、すべて日本の町という常識でははかれないものだった。昔から物流の道でもあったので、時々、ネパール人とは明らかに雰囲気の違う、チベットからの行商と思われる人ともすれ違った。

大きな一枚ガラスを担いだネパール人の少年が抜いていったこともあった。石をただ重ねただけのような家が一般的で、隙間があるのも普通のようだったが、少しお金をかけた家では、ガラスを入れていた。そのための建築資材として、ベランダ側につけるような大きな一枚ガラスを少年はひとりで抱えて歩いていた。体からはみ出すほど大きなガラスを運び上げる少年の姿は日本では見たことがない。

我々の隊にも、私たちがとても持ち上げられない荷物を担いでくれるシェルパニ（シェルパの女の子）がいた。田部井さんや私より小柄な彼女は、額にひょいと荷物のひもをかけてぐいっと持ち上げるとビーチサンダルでパタパタと歩いていった。誰も彼もが人力で荷物を運び、何日も歩く。

登山隊は彼らを頼り、個人の装備は自分で持つけれど、テントや食材などはヤクの背に乗せて運んでもらった。それが仕事といえば仕事だが、何だか複雑な気分にはなる。

エベレスト街道での生活は、朝、ポーターの運んでくれるお茶で目覚め、洗面器1杯のお湯で顔を洗い、コックやキッチンボーイが作ってくれた食事を取って、意外にも優雅に始まる。手早くまとめた自分の荷物を出しておくと、いつの間にか彼らがテントを片づけて、荷物も運んでくれる。

歴史的にイギリス隊が作り上げたシステムのため、シェルパたちは英語もしゃべるし、西欧風の振る舞いも身につけている。日本語をしゃべるシェルパも増え、日本食も作ってくれる。いまはもっと手厚いかもしれない。きちんとシステム化されたやり方で彼らは私たち登山者をサポートしてくれる。

キリマンジャロでも受けたサービスで、わかっているつもりだけれど、民主主義の薫陶を受けて育ち、現代の日本で暮らしていると、実はとても戸惑ってしまう。そうかと言って、自分であの大量の荷物を運んで、あの行程を歩けるかと問われたら、とてもできない。

「日本の登山とは根本的に違うと思わなければならない」と自分に言い聞かせる。

街道筋で一番の都会、ナムチェバザールという町に、高所順応のため2日間滞在した。標高約3440メートル、富士山と同じくらいの高さにあり、周囲の山々がやっと白い姿を見せてくれる、周辺も街中も美しい町だ。

この町も想像を大きく裏切る。私の第一印象は伊香保《いかほ》や鬼怒川《きぬがわ》などの日本の温泉場だった。連なる山の中に、細い街道筋を囲んで家々が石垣で固められ、段のように積み重なる宿場町とでも言おうか。これまでとは違って色彩も街路を飾っていた。木造りの日本の温泉宿とは違うけれど、山間に階段状の町ができていて、土産物屋や飲食店があったり客引きがいたりという様子が似ていた。霧の立ちこめたある日の夕方など、ふと「ここはどこの温泉場だったかしら？」なんて思った。

24年前、田部井さんがエベレストに登った頃はもっと静かな町だったそうだが、その時とは一変した賑《にぎ》やかさで、山になじんだ私には大都会に思えた。

もっとも日本人は、伊香保温泉を都会とは言わない。山にいると、ネパールでも日本でも町の基準がおかしくなる。いつも、山から下りてすぐに小さな集落を見ると「あ、都会だ」と思う感覚は、山好きにしかわからないかもしれない。

私たちがバッティと呼ばれる宿の中庭にテントを張って休んでいると、地元の子どもが遊びに来て、ゴチャゴチャ話しかけてきた。通じない会話をしながらも彼らと楽しく遊んでいたら、そのうちのひとりが「何かちょうだい」と言った。これはわかった。そしてつい可愛さに負けて持っていたゴマのお煎餅《せんべい》をあげてしまった。

「いけなかったかな〜？」

なんだか気持ちにわだかまりが残ったので、田部井さんに

「さっき子どもにお菓子をあげてしまったんだけど、あげない方がよかったですよね……？」と聞くと、

「うん、そうね。あげない方がよかったね。彼らが働かないで、ものを貰う人間になったら困るからね」と言われた。

そうだ。やってしまった。わかっていたことだった。

この子たちは普段、ヤクの糞《ふん》を拾って家の壁に貼り付けて、自然乾燥させて燃料を作る手伝いをしていた。乾いたヤクの糞は調理や暖を取るための燃料として使われていたが、乾いた燃料を集めるのも素手、糞を貼り付けるのも素手。それは当たり前の日常で、汚いとも思わない。子どもたちも率先して手伝い、立派に働き手だった。

私たちの隊にも14歳の少年が同行していたが、この子も登山隊のサポートはアルバイトで、基本的には家であるバッティの食堂で働いていた。

下山後家に帰るとすぐに働き、急いで片付けて食堂の横で勉強していた。学校に行きたいのだそうだ。誰もができることをして働くのがこの国の日常だ。

子どもだった頃の日本も変わりなかった。戦後5年目で生まれたので、復興の中で小さい頃からたくさん見た光景だ。いまよりみんな貧しかったから、小さな子どもも、お手伝いの範囲を超えた仕事をやることも多かった。

まだ混沌《こんとん》としていたから、貧富の差も大きく、だからと言って不幸でもなかった。正しいことばかりではなかったと思うけど、大人も子どもも役割を持っていて、世の中もおおらかなものだった。

高度成長とともに希望を持って向かう先には幸せがあると信じられた。一人ひとりに生き甲斐《がい》があり、明るく輝いた顔をしていたような気がしてならない。成熟し、成長は停滞したとしても、進むしかない社会の中では、こんな個人の気持ちはノスタルジーに過ぎなくて悲しい。

引っかかっていた気持ち通りの答えを田部井さんからもらい、すっきりはしたけれど、はっきり言って失敗だった。

日本人の発展途上国に対する傲慢《ごうまん》さ……。わかっているつもりでもやってしまう。そのことへの後悔の念はしばらくチクリと胸に残った。

帰国した薄汚い女

99年はモンスーンが早くくると言われていて、私たちがネパールに到着してからも、お天気は決していい方ではなかった。ひどく雨に降られたわけではないけれど、なんとなく曇の日が多く、すっきりしない。ナムチェバザールから先に行けば、待望のエベレストが見えてくるはず。エベレスト街道は、ヒマラヤの峰々を見るために来る人もあるほどの道だから、楽しみにしていたのに、なんとしても天気はすっきりしなかった。

田部井さんは「私は何度か来ていて一度も降られたことはないから大丈夫」と気楽に構えているけれど、「それで降ったら私のせい?」とちょっとモヤモヤする。

毎日体調管理はしていたし、順調に高度順応していたはずだったが、ロブチェで同行者が高山病になり状況が一変した。

食事の後、確かに高度が上がって寒くなってはいたけれど、隣に座っていた仲間がぶるぶる震えていることに気がついた。「あら？　寒いですか？」と聞き、着ていた羽毛服を貸して、田部井さんに異常を報告した。

パルスオキシメーターで血中酸素濃度を測ると、とても大丈夫とは言えない数値を示していて、緊張が走った。単なる寒さではなかった。用意してきたガモフバッグという空気圧を調整するための袋が運ばれて、そこに入ってもらって空気を送った。人が横たわれる大きさの袋で、おそらくいまはもっと便利なものがあるはずだが、この頃は足で踏むタイプのものを、みんな交代しながら必死で踏み続けた。

下山をするのか、回復を待って登るのか、シェルパや田部井さんの判断を待った。

1000メートル下りれば必ず回復するからと、田部井さんの判断で直《す》ぐ下の町まで下りることになった。隊は二班に分かれて我々はロブチェのテントサイトで待機。夕方になり下りた班に付き添ったシェルパが再び田部井さんの手紙を持って上がってきてくれた。

彼らはディンボチェまで下りて滞在。ゆっくり高度順応してから戻るとのことだった。もちろんリーダーの指示に従い、日程は少しずれても全員でベースキャンプに入ろうと決め、シェルパには返事を持ってまた戻ってもらった。

この年は野口健《のぐちけん》くんが登頂を目指していた年でもあり、ナムチェバザールの郵便局で、「日本人が登頂したらしい」という噂は聞いたので、おそらく彼だと思っていた。

2泊するうちに、無事初登頂を終えた野口健くんが通りかかった。偶然快挙の時に同じ場所にいたことになる。野口隊のマネージャーは俳優の西尾まりちゃん。野口くんの学校の後輩だった。彼女は私が山に引っ張り込んだような経緯があり、ふたりを我々のテントに誘って泊めた。登頂の喜びを直接本人から聞くことができて嬉しかった。

翌朝、野口くんたちと別れ、ゆっくりするより動いた方がいいので近くのイタリアンキャンプまで行ったり、仲間が半分になった寂しさを誤魔化すように一日中動いて、夜はゆっくりした。

ここで見た満天の星空はキリマンジャロと同じだった。自分の足の下にもぱあっと広がる無数の星たちを言葉もなく見つめ続けた。

すっかり復活した仲間を迎えて班は再びひとつになって、全員でベースキャンプを目指すこととなった。数日遅れたけれど、みんな揃って目的地に向かうことで、気持ちも晴れ晴れとなって、やはりよかった。この頃までは体調も絶好調だった。

エベレスト街道では、途中ほとんどエベレストが見えなくなるので、5545メートルのカラパタールという山からエベレストを望むのが、トレッキングの目玉になっている。

カラパタールは、雪をいただく8000メートルの高峰に囲まれて、5545メートルあっても低く見え、なだらかな形も、ぼた山のように見えてしまって不運な山だ。草木はもとより、もう土もほとんどなく、鋭い角をさらした岩がゴロゴロ重なっていて歩きにくい。

昨日までなんの不調もなかったのに、カラパタールへの足取りが急に重くなった。なんとかカラパタールの頂からエベレストは見たけれど、動きはじわっと鈍くなった。そしてベースキャンプ手前の街、ゴラクシェップについた途端に、食欲がピタリと止まった。元気はあるけれど、何も食べられない。これが高山病だ。

とにかく水分を取れと言われて、ひたすらお湯と紅茶をもらって飲んだ。

ここでは少し甘くしたミルクティーがとてもおいしい。とにかくなんでもいいから口にできるものを入れておくという感じになった。

高山病というのは、人それぞれで、体力があるとか、スポーツマンだからということは関係なく、その人の体質や、その時の体調によるようだ。

体調を崩した仲間は、正直危険と隣り合わせだったが、1000メートル下に滞在して高度になじみすっかり復調していた。元気になってよかった。

食欲は戻らなかったが、歩くには問題もなく無事にベースキャンプに着いた。さっそく環境調査が始まったが、私はちょっと休ませてもらった。

エベレスト街道の道筋はきれいといえばきれい、汚いといえば汚い。

日本の登山道と状況は変わらない。心ある人はゴミを確実に自分たちで処理し、持ち帰るけれど、そここにアメやガムの紙が散らばり、ラーメンの袋も飛んでいた。

これらは持ち帰れないものではないから、一人ひとりの意識の問題のはず。

そうはいっても、以前はゴミすらも豊かさの象徴と思う人がいたくらい、ゴミに対する意識が希薄だった。これだけきれいになったのは、SPCCというNGOや、田部井さんが主催するHAT-J(田部井さんが創設したNPO法人、日本ヒマラヤン・アドベンチャー・トラスト)の尽力で、やっと環境教育が浸透してきたからと聞く。

そもそもゴミは、エリアに入る時出る時に、登山隊の持ち込む物資を調査し、総量の計量を行い、その量の差をSPCCが監視していた。デポジットをとって持ち出すまでの管理をする。彼らはNGOなのに、日本でいう役人のように見えた。国がやらないから個人が立つのか、意識が高い個人がいるからこういう活動が力を持つのか。

氷河湖の決壊など環境問題を目にする機会も多いけれど、この頃からすでに麓《ふもと》の村からも不安の声が聞こえてきていて課題はたくさんあった。

一番気になるトイレ問題は、途中の町にはバッティと呼ばれる宿があり、トイレもあった。日本の昔のくみ取りトイレと似たようなものだ。ビャクシンという、杉の葉のような、香りのいい針葉樹の葉を敷き詰めて除菌・消臭したり、紙を混ぜないでと書いて、できるだけ堆肥《たいひ》にする努力をしているようだった。それも宿ごとにシステムの差があった。

泊まり客以外使わせてくれないところもあり、テント泊の私たち一行は、シェルパが作ってくれたトイレテントで済ませることもあった。これは移動する時に埋めていくので、地面への影響が気がかりだ。ちょっと前まではトイレそのものがなかったというから、やはり人が大量に訪れることによって少しずつだが変化しているようだ。

バッティが途切れたあたりからは、すべて持ち帰ることを義務付けられた。

ショックだったのは、ベースキャンプのトイレで、持ち帰り義務も徹底し切れていないのか、臭いのするところもあった。収集できたものも、標高の低い場所までまとめて下ろし土に埋めるというから、溶けてきている氷河の影響や汚染が気になる。

おそらくいまは改善されていると思うけれど……、この頃は着手はされていても、まだ混沌としていて、聞いていたのとはちょっと違った。

私たちの行ったのは登山シーズンも終わり頃で、ほとんどの登山隊が下山していた。わずかに残った数隊の撤収作業を見たが、厳しい基準があって、SPCCの人がひとつひとつチェックし、それなりに成果は上げていた。

それでも、片づけきれなかったゴミは残り、宴《うたげ》の後のもの悲しさがあった。オーバーユースなのだろう。

田部井さんと行った楽しさ、野口くんの登頂を祝えた喜び、まりちゃんとヒマラヤで会えた偶然。21日間も毎日7、8時間以上歩き、5000メートルを超える高所で生活したこと。その間お風呂に入らなかったこと。

目まぐるしくたくさんの経験をした。

ちなみにお風呂は大好きだけど、日本の山でも、帰ってゆっくり入れる短期滞在者がわがままを通すべきではないと思っている。この旅で30日近く入らないで我慢したけれど、そんなことは人生の一大事ではないと思えた。

汚してはいけない場所に汚れた水を垂れ流すことはできれば避けたい。人間が生きているということはそれだけで環境汚染は避けられない。でもこれ以上地球を汚したら、結局人間が生きられない環境になってしまう。それも勝手な言い分かもしれないけれど、いま生きる我々だけのためではなく先の世の人のためにも、そろそろ地球への負荷を真剣に考えないとと思う。

素敵な経験だったけれど、環境問題に対する宿題も突きつけられた。

そして帰国すると、本は無事に出版を待つばかりになっていた。

当時デザインの人が「絶対これ！」と言ってくれた、新色のグリーンの紙で飾られた生まれたばかりの本は、中身にそぐわない高待遇を受けとても上品な顔をしていた。

エベレスト街道から帰って、落ち着く間もなく仕事は始まった。連続ドラマの撮影で、なんと役が、和服で日常を過ごす良家の奥様だとか……。さすがにちょっと言葉がなかった。数日前までとのあまりの変化に目も眩《くら》む思いがする。出かけるギリギリまで、事務所がしきりに「日に焼けないでね」と言っていた理由がよーくわかった。

同行者の中では日焼けしていない方だと安心していたのに、日本に帰って家の鏡を見たら、洗面台の上に薄汚い女が映っていた。サングラスをかけ、帽子をかぶり、バンダナで頬から下も覆っていたのに、紫外線は布を通して入るから、まんべんなく積み重なって赤銅色になっていた。残念ながら健康的な小麦色でもなかった。

仕事場では、メイクさんが不思議そうに手を止めてしみじみ見るので、「どうかした？」と聞いたら、「これってどうしたんですか？」と聞き返された。

合わせ鏡で上から見てみると、耳の上から裏側にかけてトーストのへりのように黒くなり、皮膚がシワシワッとなっていてギョッとした。こんな耳見たことない。

完全防備したはずなのに、耳が出ていたとは……。キャップをかぶっていたので、耳のふちは無防備だった。カッコつけずにハットにすればよかった。

教訓。ヒマラヤではキャップはダメ。ハットにしないと！

顔だって、男性は日焼け止めも塗らないから真っ黒は当たり前で、おまけに鼻の表面の皮が剝《む》けて血がにじむほどのひどい状況になっていた。その人に比べて白いというのは単なる比較の問題だった。ああ、幸せな勘違い！

正直なところ、本人は焼けたとは思っていなかった。もちろん気をつけていたし、多少は焼けたけど、「少し薄汚れた程度」のつもりだった。

でも帰国後日本で会う人々は、誰もそうは言ってくれなかった。「焼けてないでしょう？」と声かける私に、「汚い」と一言だけ返して通り過ぎた人もいた。

日差しの強さは都会とはまったく違い、薄い空気の中、遮るものもないので紫外線は直接届く。その強さは、化粧品程度では防ぎようもなく、日焼け止めクリームを毎日塗るだけでは間に合わず、とにかく日差しを避けるしかなかった。

帽子をかぶり、サングラスをかけ、顔の下半分はバンダナか、タオルか、専用のグッズで覆い隠し、直射を避けて万全の対策をしたつもりだった。それだけしても、布を通してじりじり焼かれている実感はあり、太陽に近いという感覚を肌で感じた。

何しろ雲より高いところを歩くのだから、ほぼ毎日が晴天で、空の高みから一直線に降り注ぐ直射日光の強さは恐るべきものがある。青空はこの高さではほぼ黒に近く透き通る。その空に突き刺さる白い峰々は、下界で見た時より一段と輝きを増していた。平地では見たことのない、荘厳なディープブルーの空がまさに神々の頂を縁取っていた。

不思議なもので、置かれている空間の大きさに人は知らずに適応しているようだ。少しずつ変わっているので、そのことに気づかない。家という日常の空間でチェックして初めていろいろな変化を知った。日焼けもそのうちのひとつだが、思いのほか元気だったことと、声の大きさにも驚いた。

エベレスト街道を進む途中で、周辺の山に目が慣れるのに時間がかかった話に触れたが、そのことと、このことは多分同じだ。

キリマンジャロでも声や体力について同じように感じた。長く家を離れ、日本では考えられないような大きな自然の中にいた時、知らず知らずに声が大きくなっていたり、いつもと違う肉体になっている。そのことに気づくのは帰ってからだった。

まず家で話す電話の声の大きさに驚いた。体の元気さなどいつもの自分の空間で計ると変化がよくわかり、顔色も、いつものメイク室で見た時に明らかな違いを感じた。逆に言えば1ヶ月もの長い間、少しずつ変わるから、変化には気づけないということ。

我々の仕事で言うと、劇場の大きさによって声も動きも自然に変わる。劇場の大きさは目で見ればわかるけれど、大自然のように取り囲む空間が大きすぎる場合は、見当がつかない。反射して返してくれるものもなく吸い込まれてしまうから、器によって変わるその時の自分を知るには、いつもの環境が必要なのだと納得した。

アフリカの広大な大地で暮らす人は、視力が日本人の数倍良いという話も聞くように、人は置かれた器によってかなり変化するものなのだろう。

ヒマラヤという空間は人を大きく育ててくれるのかもしれない。だから田部井淳子さんという人はあんなに大きかったのかもしれない。

なんであれ、ヒマラヤの空の下に立つ彼女はあの空間に似合っていた。

そして、この旅で何より素晴らしかったのは、彼女の存在そのものだった。

知り合ってすでに何年も経ち、山にも何度も一緒に行っていたし、同じ宿の同部屋に泊まったことも何度もあった。親しく過ごした時間を重ねた上でのエベレスト街道だったけれども、1ヶ月近い時間と日本とは違う環境での異次元の体験をともにしたことで、改めて素敵な人だと思った。

知っていたはずでも、毎日10時間も歩き、日々標高が上がり、移り変わる美しい景色と反比例するように厳しく変化していく環境の中での彼女は、見事としか言いようがないくらい見事なリーダーぶりだった。

実は、ネパール入国時にちょっと驚くことが起きた。

カトマンズの空港での入管手続きの際、パスポートチェックした空港職員が、「わ、ジュンコ・タベイだよ!」と言った。その途端に、同僚たちが「ジュンコ・タベイ?」「お、ジュンコ・タベイだ!」と次々気づいて大騒ぎになった。

ネパールの言葉はわからないけど、そんなようなことを口々に言って、彼女のパスポートがあちらへこちらへとリレーのようにパスされ消えていった。

言ってみればアイドルスターに会った大衆のようだった。こんなにたくさんのネパール人が、20数年前のエベレスト登頂と、その後のネパールへの貢献を知っているということ……。しみじみ「世界的にすごい人なんだ」と実感した。

山での彼女は、もちろん実績、実質ともに我らがリーダーだった。

同行者が高山病で危機に陥った時も、冷静な判断と落ち着いた采配《さいはい》で我々を引っ張り、常に前向きでネガティブなことは言わなかった。そのことに全員が救われた。おかげで、少し遅れたものの、結局全員でベースキャンプを踏めて本当によかった。一時は皆で下山することも覚悟したけれど、実際そうなったとしたら、当のご本人には辛《つら》すぎる選択になっただろうし、同行のメンバーにも残念な気持ちが残っただろう。

反対にその人がひとりで下山して、我々がベースキャンプに行けたとしても、すっきり喜ぶことはできなかった。時間は延びても全員が元気でベースキャンプに入れたからこそ心から喜べた。すべて田部井さんのリーダーシップのおかげだった。

富士山の高さを超えると、誰もが愚痴を言いたくなったり、叶《かな》いもしない希望を無闇にしゃべり続けたりするものだ。彼女は経験豊かだから、5000メートル程度の標高はなんでもないのかもしれないが、私はどうも学級委員的な性癖があるようで、ぼやき続ける仲間に「ないものねだりしてもしょうがないでしょう！」なんて叱るように言ってしまうのだが、そんな時も、ニコニコ笑いながら、「まあ、まあ」となだめてくれた。どんな時でも彼女はいつも上機嫌で、歩きながら歌い、美声を響かせていた。日本でもそうだったか、思い出せない。

「楽しいから歌が出るのかな？」、「酸素が薄いから歌うと元気になるのかな？」、「我々を鼓舞しているのかな？」などなど。多分、その全部が理由なんだろう。

本当に楽しいから歌ったし、酸素を供給するためには否応《いやおう》なく肺が動くので絶対正しい呼吸法だと思う。でもあの薄い空気の中で歌うのは、そんな気になれないのが正直なところだ。それでも、あの歌声に、我々が元気づけられ前向きになれたのも本当だ。

きっとそういう意図もあったのだと思う。いつか「なぜあの時歌っていたの？」と聞いてみようと思っていたのにとうとうご本人に聞きそびれてしまった。

彼女が歌声を響かせていた谷間《たにあい》の広い原野が目に浮かぶ。その先のモレーンといわれる、氷河が運んだ石ころだらけの丘には、田部井さんの後に日本女性としてふたりめのエベレスト登頂者となり、下山時に命を落とした難波康子《なんばやすこ》さんのケルンがあった。皆で立ち寄り手を合わせた。

理想のリーダーとは、気分がコロコロ変わらないこと、できるだけ否定的な考え方をしない常に明るく前向きな人。決断は早く的確に。楽しい気持ちを共有できる人。そういうものをすべて備えた田部井淳子さんのような人を言うと思う。

帰ってすぐに友人に頼まれて行った、沖縄での社員研修で、この話をした。

たったいま経験して帰ったばかり。そんなほやほやの、嘘いつわりのない実感に、聞いていた社員の皆さんも共感してくれたようだった。

ヒマラヤの山頂に立つ

『山なんて嫌いだった』の出版にまつわる一連のことが終わる頃、再びネパールにという話が持ち上がった。山の好きな人とトレッキングに行こうという出版社絡みの企画で、「どこに行きたいか？」と聞かれた。

いくつか提示された候補の中で、幼い頃から興味のあった場所、パキスタンのフンザに行きたいと答えた。「青いケシが咲く理想郷、シャングリラ」と目されていて、ケシがなくても花の季節は桃源郷と呼ばれている。魅力的だと思ったが、まずケシの季節ではないことと、おそらく歩き足りないと思われることなどを理由に別の場所を勧められた。幻想と現実は違う。わかりきっているけど、思い切り現実的な答えで、夢見心地の希望はあっけなく打ち砕かれた。

キリマンジャロでサポートしてくれた山岳ガイド氏の提案だから従うしかない。やがて決まったのはネパールの首都カトマンズから西に向かったアンナプルナ街道の奥にあるヤラピークという5000メートル峰を目指すトレッキングだった。

エベレストのベースキャンプは5350メートルの標高はあるが、山という表現はしない。山間部ではあるし、アップダウンはあるから、行程を山ではないとも言いにくいけれど、要するにいくつもある山頂を目指すための、言葉通りの基点であるから、山頂がある場所ではない。モレーンという、氷河の裾《すそ》の、大きな岩がゴロゴロ重なる広場にある。

だから改めてヒマラヤの山頂を目指すのも悪くない。

再びネパールに向かった。まずは1年ぶりに降り立ったカトマンズ・トリブバン空港の懐かしい匂いと喧騒《けんそう》。この街の騒々しさは、音だけではない、熱量というか、人が放出するエネルギーというか、とにかく人や物がごったに飛び交う混沌とした印象がある。

整備し尽くされた都会に慣れている目には、都会と言ってもその奥に何が隠れているか想像もつかない妖《あや》しさに惹《ひ》かれる。すぐにでも物語ができそうだ。

時間短縮のためもあり、ヘリで行けるところまで空路を取り、そこから歩き出したが、エベレスト街道よりも大きな集落を通ることが多くて、山間部に住む人々のローカル色豊かな生活を感じながら歩く。エベレスト街道の町とはまったく違う、ネパールの人々の定着した暮らしが見えてとても楽しかった。

ネパールの国花シャクナゲの、日本のそれよりも丈高く生い茂る道を進み、ランタンの街の広場を通った時、いまとなっては夢かとも思う、おのれの記憶を疑うような幻想的な光景を目の当たりにした。学校のような建物の前に、こちらに向かって緩やかに傾斜した広場があり、たくさんの子どもたちが健康的な笑い声を響かせていた。

最近日本ではこういう声を聞かないなぁと、子どもの声が響く景色は幸せなものだとしみじみ思い通り過ぎる時、美しい絵画のような光景が目に飛び込んできた。

広場の中ほどで、ゴーギャンの描くタヒチの女のような若い女性がたらいのような何かを出して水浴びをしていた。腰から下に着けている服装の豪華さから、結婚を控えた女性のなんらかの儀式なのかもしれないと思ったが、突然のことに視線は宙を泳ぎ、もう一度そちらを見ることも、写真を撮ることなども当然できず、ただ粛々と前に進んだ。

周囲を取り囲んではしゃぐ子どもたちにも何の不自然さもなく、ただただ平和な情景だった。だから、伝統的な儀式なのかもしれないと心の中でひとり納得しただけのことで、誰もそのことを口にすることもなかった。

記憶は歪《ゆが》むというから、もしかしたら歪んだ記憶なのか、ただの幻想だったのかもしれないが……。

振り返って考えれば、子どもの頃には、日本でも家の軒先で行水をする人はいた。現代では信じてもらえないと思うけれど、ガス、電気、上下水道などの設備が整っていない時代は、都会でもお風呂のない住宅は多く、水場は台所だけという家がほとんどだった。だから女性でも、庭先で髪を洗う程度は見たこともある。

ネパールの山深い小さな町のこと、水道や、湯を沸かすという、いまの日本で普通に手に入る設備が整っていないとしたら、取り立てて特別なことでもなく、下世話な目に晒《さら》されることもないのかもしれない。

いずれにしても神々しいまでの残像は名画のように脳裏に刻まれ、いけないことをしたような〝ドキドキ〟が蘇《よみがえ》ってくる。

ランタンの町を過ぎ、山のエリアに入ってからは、ゴロゴロと足ざわりの荒い岩がちの道になり、目の前に迫ってくる白い峰々の迫力に圧倒されながら歩いた。

キャンジュン・ゴンパに泊まった時、テントの外を野良猫がウロウロし、じっと中をのぞいてきた。清潔ではないとわかっていながら、隙あらばと諦めない人懐こさと猫の体温が懐かしくて、ついともに一晩を過ごした。おとなしい猫のおかげで癒《いや》されたけれど、我が家の猫が恋しくなってちょっと胸が痛んだ。

翌朝は周辺の山に高度順化に行き、頂上へのイメージ作りをした。この日はみな広場にテントを並べて、ストレッチやマッサージをして体をいたわり、思い思いに温かい紅茶を手に談笑し、少しゆったり過ごした。

この辺りから、毎日狭いテント生活で不自由な体勢を続けたせいか、ちょっと腰の辺りに不安が走りはじめたが、気のせいだと思うことにした。

そして翌日、朝まだ暗いうちに山頂を目指して歩き出す。快調に歩みを進めていたが、突然現れた大柄の男性ばかりの外国隊が前日リーダーが準備してくれたフィックスロープを使って、雪を切ってつけたステップをガシガシ踏んですごい勢いで抜いていった。

ちょうど朝日が昇って、踏み荒らされたステップは、表面がゆるみ、段がなくなったばかりかぐずぐずで、足を乗せて踏み込んでも踏みとどまれず、50センチ体を上げても45センチずるっと下がる。そんな虚しい動きを繰り返し、やたらと体力を消耗した。これがきっかけでシクシクしていた腰が、ぎっくり腰一歩手前の状態になった。もう無理かもしれないと思った。

山頂に続く長いかまぼこの背のような雪の斜面に踏み出す時、「迷惑かけられないのでここで待っています」とリーダーに声をかけ、登頂は諦めようとした。「せっかくここまできたんだから」と励まされ、見上げれば、確かに斜面の先に山頂が見え、諦めるのはもったいないと思い直した。

最後50メートルの雪の斜面を這《は》うように登り、山頂の岩に取り付いた。そこはふたつのコブのようになっていて、途中のくびれたところを大股《おおまた》で飛ぶように越えた先にあるのが山頂だった。

切り立ったくびれを飛び越えるのは、腰が痛い身では厳しいものがあり、正直怖かった。必死で取り付いた場所で「もう満足」と言う私に仲間が、「ここまでおいで」と促してくれるので、「え……、だってぇ、無理かも……」と、背筋をゾクゾクさせながら、必死で飛んで山頂に倒れ込んだ。

その狭い頂上からはチベット側が見えた。怖さを振り切って必死で頑張ってよかった。諦めていたらこの景色は見られなかったのだ。でも怖かった！

どんな山もたいてい帰りは行きより大変なものだが、本当に帰りは情けなかった。トボトボとみっともない姿をさらし、やっとの思いでテントにたどり着き、頭からテントに倒れ込んだきり、もう立てなかった。

ぎっくり腰をやってしまったことは、痛くて悲しい、でも結果として、笑ってしまうような楽しい思い出となった。この時励ましてくれた仲間にも感謝しかない。

さて、まるで余談になるけれど、この旅で一番怖かったのは何かと言えば、実は帰りのバスだった。1000メートル近く切り立つ崖の上にある車幅いっぱいの狭い道を、ドライバーと助手ふたりの3人編成で走るのだが、助手のひとりは屋根に乗り（想像するのも嫌！）、もうひとりは反対側から身を乗り出して指示しながらほぼ全速力で走り抜ける。

この3人は常になんだかわからないネパールの言葉で怒鳴り続けていた。彼らの語気からいかにギリギリかが手に取るように感じられた。タイヤすら崖ギリギリなので、座席は完全に宙に浮いている計算となる。見えはしないが椅子の下に地面がないのはそれとなくわかる。

おまけに落石がいつ降るかわからない崖道を走る様子を思い描いてほしい。生きた心地などまるでしない。「行ってくれと頼んだ覚えはない」と返されそうだが……。

山に登るようになって、この時が一番怖かった。

念願の「自分の山」をやれた夏

こんな山がしたかったと心から思った。

人が入ることを拒むかのように存在した昔の山の姿にひどく憧《あこが》れを覚える。と前章で書いた。この時は昔の人がまだ多くは入っていなかった大正や昭和初期の山をイメージしたけれど、南アルプスはそんな雰囲気も色濃く残っていた。歩き始めてすぐの森などは、緑の色がこれ以上ないほど深く、原始のままの森に見えた。

2003年、「山と溪谷」に寄稿した文章には、その時の新鮮な気持ちがそのまま残っていた。

「やっぱり台風かなあ……。もし本当に台風直撃ならば、下山出来る道をいくつか想定しておかなければ」。ひとりになって、重たい荷物をせおい直し、一足一足確かめながら歩きはじめたのに——雨。早朝1便しかない椹島《さわらじま》ロッヂの送迎バスで送ってもらい、やっと聖沢《ひじりざわ》登山口に到着したばかりだ。下りるといっても、実際この南アルプス南部の深い山の中から、無事に東京まで戻れるのか。来た道の遠さを思うと気も遠くなる。

そもそも天気予報は「大型台風、関東地方に接近」と報じていた。台風はそれることもあるしだめなら戻ればいいと、深夜3時に家を出て東名高速をひた走った。畑薙《はたなぎ》第一ダムから朝一番のバスに乗り、聖沢登山口から聖平《ひじりだいら》小屋までその日中に登る予定だった。ところが、調べておいた道が台風による崩壊で通行止になっていた。同じ道を戻り、そこまで走ったのと同じ位走り返さなければならなくなって、早朝のバスには乗れなくなった。

その後も紆余《うよ》曲折あって、やっとの思いで畑薙第一ダムに着いた時には、走行距離はゆうに400キロ、走行時間は8時間を超えた。そのうえ、到着したダムの周辺はがらーんとして人気もなく、バス停に貼られた8月の時刻表がひらひらと風に揺れるだけだった。

4年前の夏、南アルプス全山単独縦走という壮大な計画をもくろんだ。仕事を調整して丸一ヶ月の休暇を取り、実現に向けていざ！という時に中断しなければならなくなった。家に問題が起き、せっかくの休みはその対応に追われてなし崩しに終わった。それ以来、南アルプスをひとりで歩くのが目標になった。

そんな思いを熟成させてやっと実現した南アルプスなのだ。それなのに朝から次々起きるアクシデントが、ひとりで行くなとささやいているようにも思えた。なんとかなるさと吹っ切って、通りかかったバスに乗せて貰って、初日は予定外の椹島ロッヂ泊となった。

朝起きた時は晴れていたのに、薄暗い聖沢の斜面を歩いているうちにシトシトシトシトシト降りはじめた。なんとかなる、雨もきっとやむと気合いを入れ直す。最初は全身に重くのしかかり、はたしてこの重さで最後まで歩けるのかとくじけそうになった荷物も、歩くうちに気にならなくなった。余裕が出ると、今度は周囲の静けさが気になった。連休がらみだったので、出来る限り人と会わないようにと、通常と反対回りの縦走を計画したのだが、本当に誰もいない。なんとなく心細くなったころに、ガッシガッシと力強く地面を踏む足音が近づいてきた。3人連れの男性だ。道を譲ったら、追い越しざまに「良く登っていますよね」と声をかけられた。え……？　どうも、ロッジで一緒だったようだ。

一般に山は逃げないというが、冗談まじりに「山は逃げる」という人もいる。自分を取り巻く環境は日々変化をしていて、チャンスを逃すと二度と巡ってこないこともある。チャンスはあっても、自分の状態が変わってしまって登れないこともある。実際その後、仕事をひと月も休めるような状況にはならなかった。

そもそも私の登山は、最初から人に恵まれていた。初めて連れて行ってくれた仲間、山によって広がった友人たち、そのすべてが素晴らしい人たちだった。その人々に支えられていくつもの山を登った。それは幸せなことだが、いつも庇護《ひご》されて登っているような気分がぬぐえなかった。自立したいと思って単独でもなんどか行った。初心者をリードする機会も増えた。しかし当然ながら行き先は、自分の技量を超えるものではなかった。

ちょうどそんなころ、尊敬する登山家であり、師であり、友でもある田部井淳子さんから、「自分の山をやりなさい」といわれた。沸々とわき上がっていた思いと同じことをいわれ、もっと突き詰めて考え、自分のためだけに、本当に登りたい山に登ろうと思った。

しょぼしょぼと情けなく降り続ける雨の中を、彼らと抜きつ抜かれつしながら聖平小屋に着いた。小屋の入口で手続きし、さっそくテントを設営する。台風が来たら風向きはどうなるだろうと、二度三度向きを変え、木にくくりつけて固定した。雨はまだやまないが、気分は晴れ晴れと自由だ。急いで食事をして明日に備える。

明日は百間洞《ひやっけんぼら》まで行くから早起きしなければと思う。でも初日の寝不足が響いて早起きにはあまり自信が持てない。雨と風は一晩中吹き荒れ、小さなテントは揺さぶられ続けた。「なんだかオズの魔法使いみたい」とどきどきしたが、しっかり熟睡した。

翌朝、案の定ぬれたテントの片づけにも時間がかかり、予定より遅い出発になった。聖平の湿原を過ぎるとすぐに登り坂になる。寝ぼけていてからだが重い。ごろごろとした石ころの斜面に出ると、早々と山頂を踏んで戻ってくる人が大勢いた。こちらは、なかなかペースが作れないでいるのに、みなさんお元気なこと。でもひとりだと自分のペースで登れるから気にはならない。雨もすっかり上がり、朝もやが空に吸い込まれていった。

滑りやすい石ころまじりの斜面をゆっくりゆっくり登り、聖岳の山頂でひと休みした。山頂を踏んで下山する人ばかりなのか、北に向かう人はいなかった。ひとりで淡々と歩く。そういえば昨日の男性たちはどうしただろう。姿は見えないし、多分早く出発したんだろうと思っていたが、どこからか男の人の声が聞こえてきた。兎岳《うさぎだけ》に向かう稜線《りょうせん》上で写真を撮っていた3人組においついた。早出して奥聖まで行ってきたそうで、花がきれいだったといっていた。

彼らは九州から来ていた。長年の山仲間だそうだ。がっと進んでどんと休むパワフルな登り方の彼らと、尺取り虫のようにちょこちょこと進む私とではペースが違うが、昨日も休憩のたびにおいついた。どうせなら一緒に行こうという雰囲気になったので、「足手まといになったら置いていってください」といって、あとについて歩き出した。

振り向くと聖の雄姿が視界を占領する。どこまでも広がる南アルプスの峰々を眺めながら快晴の稜線を行く。大岩をつかんで登り、身をくねらせて灌木《かんぼく》をすり抜け、やせ尾根に張りつくように兎岳、小兎岳と進む。兎岳をすぎてピークがよく分からなくなって私たちはちょっと混乱した。地図を探り、ピークを数え直してもどうもはっきりしない。中盛丸山《なかもりまるやま》ではないかと思う丸いピークで昼食をとったが、「聖、赤石間《あかいし》を歩いているとき、けずりたくなるほどの存在感」と聞いていたのに、それにしては優しいピークだった。

中盛丸山なら百間洞はもうすぐそこだが、まだまだ気を抜けないから早々食事を済ませて出発した。でも、やはり地図で思い描いた展開にはならない。古い巻き道らしき踏みあとと下に向かう道との分岐でいよいよ悩んだ。下りるように左に回ってみると、岩がらみのハイマツ帯をつきあげて砂礫《されき》の急斜面に出た。こちらが登山道だった。滑りやすい砂礫はつかまるところもないので踏ん張りにくく一歩一歩緊張して登った。それにしてもいったいここは……?と、腑《ふ》に落ちない思いをかかえて登り切ると、先に着いていた3人が、「ここが中盛丸山だったよ」と地図をさした。ハイマツに囲まれた山頂から、南のほとんどの山がパノラマのように見える。見渡す景色の大きさに深い感動を覚えるとともに、中盛丸山の存在感を思い知った。なるほど、なめてはいけない中盛丸山だった!

そこからは足取りも急に軽くなり、カンバの葉が明るく輝く楽しい道を沢筋にたつ百間洞山の家までころがるように一気に下った。

百間洞山の家は最高に気持ちいい場所に可愛らしくたっている。この日1日ですっかり仲間になったのに、明日はもう3人ともお別れだ。テント場はかなり上にあるから、テントを立てたらお別れ会をしようと約束して、手続きをしに小屋に入る。

南アルプスは、深い山の雰囲気と、道や小屋が整備されすぎていないことも、私には魅力だった。この数年の間に、自分の好きな山というのがはっきりしてきた。有名な山や大勢の人が好む山よりも、無名でも美しい山、できるだけ手つかずの自然が残る山、訪れる人の少ない山などである。それは構えることなく、できる限り自然のままで山と対峙《たいじ》したいからだ。今回予定した日数は5日間だったので、とても全山縦走はできなかった。一部なら、近づきにくい南部に行って、いま出来る範囲で自分の持てる力を試したいと思った。

それには、テント泊と自炊は欠かせない。たまたま友人にもらっていた小さなシュラフを使うことにし、別の知人には使いやすい小型のコッヘルとバーナーを相談した。一番の問題はザックだった。女性としても小柄な方だから、大きなザックを背負うには体格のハンデがある。からだが小さくて重量を分散するだけの背幅や長さが足りないのだ。荷物を軽くするために、初登山からの装備を再点検し、新しく揃えもした。ちょうどいいザックも見つけ、短期間に集中して食料も厳選した。いまのところそのすべてがうまくいっていた。

それなのに、2日目にして全行程テントでとの決意がゆらいだ。テント泊の申し込みに小屋に入ったとたん、中からバロックが聞こえてきて、別世界に連れて行かれた。おまけに、受付には「食事は揚げたてのトンカツ」と書かれた紙が貼られている。みんなとの別れが惜しいのと、この小さな小屋の魅力に心がぐらぐらと揺れた。さらに、今日のテント場には私ひとりと聞いて「小屋に泊めてください」と叫んでしまった。自分の決意に対して後ろめたさはあったが、この夜は会話も弾んで楽しい歓送会になった。一度に8人ずつしか出せないという炊きたてご飯と揚げたてトンカツの食事もおいしかった。決して山で贅沢したいわけではないが、小さな小屋なりの暖かい雰囲気が嬉しかった。

2日目は暗いうちに小屋を出た。この日の行程は思い切り長い。赤石岳までの進み具合で、そのまま下山、中岳《なかだけ》避難小屋泊まり、千枚《せんまい》小屋まで、という三つの選択があった。百間平への斜面で明るくなり、昨日来た聖の全容や中盛丸山までの稜線が目の前に浮かび、遠く中央アルプスまではっきりと見えた。ハイマツが続くなだらかな百間平は雲上の楽園のように楽しく、その名の通り赤肌の赤石岳は聖とはまったく違う美しさだった。遠くから見てうんざりしていた赤石へのジグザグ道も、登ってみればさほど辛くもなくすぎ、あれが荒川《あらかわ》、あれは北岳《きただけ》?と大騒ぎだ。そしていよいよ山頂でみなさんとはお別れだ。

赤石岳の山頂からは快晴の空に惜しげもなく山容をさらす荒川三山が見渡せた。「こんな天気って二度とないかも。行きません？」と、なにげなく口にすると、今度は彼らがぐらぐらと揺れる番だった。九州のおふたりはすぐに行こうかといいはじめ、世話役だった地元の方だけが「迎えが来るから連絡が取れないと……」と、電話を探しに避難小屋に走った。

まさかの展開で単独行はにぎやかな山行に変わった。が、そこからが本当に長かった。小赤石からのずどーんと下りる急な下り、荒川小屋から荒川前岳へのどこまで続くかと思うような長い長い登り。中岳に近づくころには天気も少しずつ怪しくなって、先行き不透明になってきた。それでも、中岳避難小屋に泊まってしまったら、明日また長い行程を下山する気力は残されていないような気がして進むことを選んだ。そこからは必死だった。悪沢岳《わるさわ》とも呼ばれている東岳《ひがしだけ》は、私にとっては紛れもなく悪沢岳だった。嫌いという意味ではない。むしろ畏敬《いけい》の念を抱くほどの山だが、稜線上で大きなガキ大将が通せんぼしているような気がした。「通れるものなら通ってみろ」といわれているようだ。

急な岩場を登り詰め、霧のでてきた東岳山頂で記念撮影をしたが、まだまだ遠い道のりに気持ちがせかされる。千枚岳への稜線はゴツゴツした岩が霧に包まれ、晴れていたらきっと日本庭園のようだろうと思ったが、ゆっくり見る余裕はなかった。ただただ千枚小屋に向かって歩いた。片側が切れたトラバース道や足元の深い岩場など、あなどれないきわどさがあったが、もう頭の中には進むことしかなかった。それにしても南アルプスは深い。どこまでも、山、山、山だ。千枚岳山頂付近のぴりぴりと緊張する崖をすり抜け、カンバ林を一気に下ると最後の宿泊地・千枚小屋についた。

千枚小屋は登山者でにぎわい、急に町に下りたったような錯覚を覚えた。おまけに阪神が18年ぶりの優勝を決め、この夜の小屋は一気に沸き立ち、小屋番さんがはじけた。

私はひとりテントでこの山行を振り返った。心配した台風も去った。3＋1の急ごしらえのグループは、時に明るく、時に真剣に、助け合い励まし合って最高のパートナーになった。単独行にこだわってここまで来たが、行きずりの人とこれほど深い交流が持てたのも、単独だったからこそと思う。天気に恵まれ、力一杯歩きぬいた南アルプスを、生涯忘れることはないだろう。

当時の思いが体の奥から蘇ってくる。本当に楽しかった。自立を目指して行った山ではあるけれど、急に同行者もできてしまった。ひとりだったからこそ、知らない人とこれだけ熱い時間が過ごせ、いい思い出を作らせてもらった。もちろんいい方々と出会ったという幸運はあるけれど、仕事柄、知らない人を警戒してしまうところもあるのに、こんなに素直に親しくなれたのは、あの大変な山をともに歩いたからだと思う。

彼らもあの晴天に抗《あらが》えなかったのか、結局赤石岳からは完全に同行者になってしまった。予定が決まっていると言っていたから、軽い気持ちで「行きます?」と誘ってみただけだったが、ぐらりと心が揺れるのが見え、まさかの予定変更となった。

おかげで、ひとりだったら怖かったかもしれないと思うところも心強く歩けた。

「自分の山をやりなさい」と田部井さんに言われた時に、それまでずっと抱えていた気持ちがはっきり見えて、確かめたいという思いがつのって実現した山だ。

田部井さんに言われたのがきっかけではあったが、彼女の深い思いとは少し違う行動だった。おそらく「自分の能力より少し上の、それも日本の山ではないところに行け」という意味だったように思う。実際彼女は、そんなような言葉を発していた。

ただそれにはまた、時間や仕事との絡みもあって、すぐには無理だった。

まず、現実としてできることをやろうと思ったのが、この時の原動力になった。

とにかく、誰かに連れて行ってもらうのではなく、自分ひとりで山に立ち向かってみたかった。

結局途中でおじ様たちと道連れになったけれど、それもまたいい思い出だ。

3人とはその後別の山にも行った。ただ最近は、だんだんとたまの連絡だけになり、おひとりとの細いつながりになって、その彼も山には行きにくくなったと聞いている。

CHAPTER

4

登れなくても自然があった

やりたい山に出会った矢先

南アルプス単独山行は、自分がやりたいと思っていた山のやり方を見つける気づきとなった。「自分の山をやりなさい」という田部井さんのアドバイスと、自立した山登りがしたいという心の奥から湧き上がっていた欲求が、パズルのピースのようにはまり、「行こう!」という力になった。

さまざまな事情を整理し、人知れず準備して、やっと実現に漕《こ》ぎ着けた。行ってみると思いがけない展開が次々起こり、予定変更したり、過剰にネガティブになったり、知らない人との出会いがあったり、ひとりで行くからこそ見える世界は確実にあった。

「孤独であるからこそ感じられること」。

「死ぬかもしれない恐怖との闘い」や、

「自然という正体の見えない脅威と対峙《たいじ》すること」を、誰とも分かち合えない山行。

おそらく普段は、気がつかないうちに一緒に行く人と、潜在的にある恐怖を分かち合って解消できているのだと思う。そうやって意識の外で解決してきたこともひとりでは正面から受け止めるしかない。

ただそれを乗り越えたことで、生きていることを実感として受け止め、自分で登ったという確信が得られた。大袈裟《おおげさ》だがそんな感覚を覚えた。

山とは、当たり前だが、死にに行く場所ではない。あえて死を限りなく近く感じる場所に行き、本気で立ち向かって乗り越えるからこそ、生きている自分を実感することができる場所なのだと腑《ふ》に落ちた。

山を知るずっと以前、行けば死ぬと思っていた10代の頃とは正反対だが、山に出会っていくつもの登山を経験し、ひとりで行ってみることで落とし込んだ感覚だった。

冒険家や、登山家や、戦場カメラマンなどもこんな感覚なのではないだろうか。

世の中では、登山も含めて、死ぬかもしれない危険な場所に行く行為は非難されやすい。関心のない人からすると当然かもしれないが、そういうニュースを見るにつけ、いやそうじゃない、彼らは生きている実感や命の大切さを、改めて確認しているのではないかと思っていた。誰にもできないことを、誰かの代わりにその場所に身をおき、そこで得た実感を自分のものとして我々に伝えてくれているのだと。

登山と戦場を比べることはできないし、人の行為に優劣をつけるべきではないけれど、頭から非難することに対してずっと疑問を持っていた。

そして、並べるのは失礼なほど個人的なレベルではあるけれど、この時自分がこの山行で得た感覚も似たようなものではないだろうかと、改めてそんな思いを持った。

山を通じて親しくなった友人のほとんどは、山のスペシャリストだ。冒険家、登山家、アマチュアもプロフェッショナルも含めて山岳写真家も多く、皆山に対して豊富な経験を持っていた。写真家が多いのは、あの圧倒的な自然を前にすれば、芸術として残したいと思うのが当然だからかもしれない。文学や絵画も同じ理由だろう。

普段そういう山に慣れた仲間と登っているものだから、どこかで彼らに依存しているのではないかと気になっていた。

自立できていないとぼやく私に、「僕たちはおんぶして登らせたことはないよ、自分で登っているじゃないか」と、友人たちはいつも言ってくれたが、自分が納得できなければできていないのと同じことだった。

確かに自分の足で登っていたし、誰かにおぶわれて登ったことなど一度もない。それでもやはり精神的に頼っていた。それが、今回は自力で行って帰ってきた。命の際を近くに感じながら、自力で乗り越えてみて、やっと自分で登っていると実感できた。これが嬉《うれ》しくないはずはない。

達人たちが著書の中で見せてくれた、手つかずの自然と対峙して登るしかなかった山登りと、今回の経験は、私の内面ではほぼ同義だった。明治や大正、昭和初期の山と同じ条件での登山は、望んでももう得られないものとわかっている。

登山道が整備されている現代と、何もなかった昔とは完全に同じではないけれど、南アルプスの南部にはまだまだ訪れる人も少なく深い自然が残っている。

そこにひとりで向かっていくには、何にもまして神経を研ぎ澄まさざるを得ない。身の回りに起こる些細《ささい》なことがすべて恐怖だった。その恐怖の正体を知った時は、一気に恐怖から解き放たれる。怖さと楽しさは裏腹ながらついて回ったが、少しでも昔の登山の雰囲気を感じられて幸せだった。

こんな体験はなかなかできるものではなく、思いは十分叶《かな》えられた。

やっと出会ったやりたい山。こういう山が登りたかった。南アルプスはそのフィールドとしては最適だった。

どこの山であろうと、それぞれに違っていて、比較するものではない。どこも素敵な山ばかりだけれど、南アルプスは、北アルプスほど人が集中しないので、山をじっくり味わうにはとてもしっくりきた。

交通の便がよくないので、その分行きにくく、決して楽ではない。だから、これからまた挑戦できるかと聞かれると「絶対」と言える自信はない。でもまた行ってみたい。

この頃は、まだ楽しくて仕方ない時期、やる気満々だから、そのまま仙丈《せんじよう》ヶ岳《がたけ》や甲《か》斐駒《いこま》ヶ岳《がたけ》の方に向けてつなげて行こうか、それとも別の山塊に入ろうか……、東北の山々もいいなあ……。などと、ウキウキと思い巡らしてみた。

でも、もう秋の登山シーズンも終わり間近。よーし来年から頑張ろうと思った。来年からは、仲間と行く山に加えて、こういう登り方もしていこう。なんだか登山の未来が広がっていくようで楽しみだった。

ところが、世の中そう甘くはない。年明けて夏山に思いをはせる私に、遠く南米の沖から「母病気」の知らせが入り、私の山人生はスピードダウンやむなしとなった。

1月から母がひとりで出掛けていた3ヶ月の船旅の終盤でのアクシデントだった。

船からのファックスが、運航会社から転送されて届き、突然てんやわんやとなった。インターネットが一般に普及する前で、いまほど船上との連絡が密でなかった頃なので、届いた短い情報では判断のしようもなかった。

ほとんど英文で書かれた第一報。追いかけて届いた、親しくしている船長からの報告を握りしめて、やはり父の頃から親しかったお医者さんに電話をし、

「こういう連絡が入ったのですが、現在どのような状況で、私はどの程度を覚悟しておけばよろしいでしょうか？」と、挨拶《あいさつ》もそこそこに伺った。

そう深刻ではないかも？とも取れるキャプテンからの報告だったが、数字だけで素人に理解はできず、その辺を含めて詳しく伺うと、

「手当が早かったこと、そして数値の情報からも、おそらく、ほぼ日常に戻れると思っていいでしょう」と言われ、とりあえず一安心した。

それでも、いつも元気な母のアクシデントは衝撃的で、

「さて、これからどうすればいいのか……」。

母「絶対に南極に行く」

母が乗っていた船とは、飛鳥《あすか》という客船で、南極・南米ワールドクルーズの船上での出来事だった。

飛鳥とは、私がまだ高校生だった頃から約15年間、父がこの運航会社の母体である日本郵船に、船医として勤めていたという縁があった。父が他界して2年後に、ある場所で日本郵船の役員の方々と出会い、新造の客船が就航することを聞かされた。

医師で物書きという人は多く、父も文章を書くのが好きな人間で、よく社内報に「船上よもやまばなし」を投稿していた。その方々は、「面識はなかったけれど、よく読んでいました」と、父の小文を覚えていてくれて「翌年就航する客船に乗らないか」と誘われた。

話はいきなり山から海に移り、病気をした母の話なのにのん気なこと!と、お叱りを受けそうだが、本来我が家は海に縁の深い家だった。

母が横浜で生まれ、戦前に父が医院を開業していたのも横浜。そして両親が出会い結婚したのも横浜。私は、父の仕事がらみの転勤で静岡県で生まれたが、親戚《しんせき》もほとんど東京や横浜にいた。幼い頃から何度も連れて行かれ、思い出話もたくさん聞かされて育ったので、私も横浜をふるさとのように思っていた。

幼い頃、遊び場所としてよく、横浜港に停泊している氷川丸《ひかわ》に連れて行かれた。当時はまだレストランの営業もしていた氷川丸で、華やかな開港記念日を祝ったことがある。港、花火、おしゃれな客船とフランス料理。ロマンチックなシチュエーションは、乙女心に火をつけるに十分で、幼い女の子は港の美しさに天にも昇る心地だった。

その時「戦前は日本にも客船があったけど、戦後なくなってしまったんだ」、「戦争でたくさんの船が軍事利用されても、氷川丸は幸運にも被災しなかった」と、父は昔話とともによく客船の話をした。のちに船医としてその会社に入ったのも縁なのだろう。

私がいま、西洋文化到来の面影残る港町や、西洋建築や西洋美術など、文化そのものに心惹《ひ》かれる原点はここにあると思っている。

縁とは本当につながるものだ。この縁に導かれて、就航してすぐの飛鳥に、父の遺影とともに母と乗せてもらった。もし父が一緒にいたら、日本の客船文化復活を大いに喜んだことだろう。ほんの数年だが、間に合わなかったのが残念でならない。

登山とほぼ同じ頃の出会いで、山と海はやがてその縁がいろいろとからんでいった。

1992年2月初乗船。父亡き後しばらくは寂しそうにしていた母だったけれど、船との出会いが新しい楽しみを運んでくれて、再び元気になっていった。結局その後20年以上にわたって何度も乗ることになり、客船の旅は母の老後を華やかに彩ってくれた。

そして私にとっても、客船文化の再来を見守るひとつのエポックとなった。新造船のデビューと、新しい運航会社が立ち上がっていく時期を、社内の人とともに過ごし、近くで見守るのは、部外者にとっても心躍ることだった。客でありながら、半分クルーのような不思議な立ち位置だった。

社内にも、船内にも友人ができて、心は乗組員と同じく、飛鳥が育つ過程に、熱く思いを寄せられた。とても楽しく幸せなことで、これも父の遺産と言えるのだろう。

飛鳥と出会って10年ほど経った頃。「南極を含む世界一周クルーズ催行」のニュースが入った。このことを知るやいなや、母は、絶対に行くと宣言して申し込んだ。

すでに80代後半という高齢だったが、明るい未亡人として目一杯遊びに勤《いそ》しみ、以前からクルーズにはひとりでも参加していた。

まあ、客船は高齢者のひとり旅にはうってつけだった。

本人曰《いわ》く、「斎藤輝子《さいとうてるこ》さんに憧《あこが》れて、絶対に南極に行きたいと長年思っていた」のだとか。つまり、斎藤茂吉《もきち》夫人であり、斎藤茂太《しげた》、北杜夫《きたもりお》ご兄弟のお母様、斎藤輝子さんのようになりたかったという。

斎藤茂太さんは、船旅がお好きで、飛鳥のオブザーバーのような方であり、北杜夫さんは船医経験もあり、山好きでもあった大作家だ。

輝子さんは、斎藤茂吉のスーパー奥様で、北杜夫・作『楡《にれ》家の人びと』は斎藤家がモデルで、お母様がほぼ主役だった。当時、活発な輝子さんの話題は雑誌でもよく取り上げられた。

「私は斎藤茂太にも北杜夫にもなれない」と娘は小さく抵抗するが、母の耳には当然届かない。

クルーズは、船側もよく面倒見てくれたので問題はないが、南極ともなると、寄港地でゴムボートに乗り移らなければならず、付き添いが必要ではないか……？

……これは、ちょっと……。私にとっても、魅力的なプランだった。

一方、南極の最高峰・ビンソンマシフに登った経験のある田部井さんに、南極クルーズの講師として乗ってもらえないだろうかと、船の方から私に相談があった。

その橋渡しをしたら、田部井さんからも「おもしろいおもしろい、あなたも一緒に乗ろうよ」と言われた。密《ひそ》かな思惑に加えて、断らないと決めた田部井さんからの提案もあり、これぞまさしく渡りに船！　田部井ご夫妻のお供と、母のアテンドを兼ねて、3ヶ月の長旅のちょうど中間の1ヶ月を、仕事を休んで付き添うことになった。

船は、横浜から、南太平洋、ニュージーランドを経て、再び南太平洋の島々をたどり、南米・チリから南極に向かい、南極海をクルーズし、また南米に戻り、大西洋側を北に向かってパナマ運河を抜け、再び太平洋をロサンジェルス、ハワイと立ち寄って日本に戻る。3ヶ月かけた南半球限定の世界一周クルーズだ。タヒチ島も、モアイのイースター島もいつかは行ってみたかった。私も南極に行きたい！

そう、これはやはり渡りに船だ！

全行程は無理でもせめてハイライトだけでもと、1ヶ月の休暇を手に入れた。

田部井夫妻とは船で待ち合わせることにし、せっかくなら友人にも会おうと、ニュージーランドでの乗船を決め、下船はアルゼンチンだけど、ひとり旅には慣れた空港がいいと、帰りもニュージーランド経由のチケットを押さえた。

オークランド港で、1ヶ月前横浜で見送った飛鳥を迎えて、私も乗船した。

この時母は、約ひと月にわたるおひとりさまの船内生活を、新たにできたたくさんの友人と楽しんでいた。皆さんに、お世話になっているお礼をし、私も久しぶりに会うクルーと話し、毎日大忙し。タヒチや、イースター島など、南太平洋の素晴らしい景観を楽しみながら、目まぐるしく進む船内生活を大いに楽しんだ。

その昔、ヨーロッパから新天地を求めて夢を抱いた人々など、歴史に触れながら進む旅はこれまた十分刺激的。コロンブスやマゼランの時代に思いを馳《は》せ、キャプテン・クックの航路をたどるように南太平洋を航海し、チリ経由で南極海から再びアルゼンチンへ。

そのハイライトが南極海だった。

我々はチリのバルパライソで、南極の氷に耐える設計の船、ブレーメンに乗り換えた。予備知識として、たくさんの資料を読み、南極への知識を仕込んでいた時、仲良くしていたヤマケイの編集長たちが、南極の本を数冊教えてくれた。

なかでも、南極でシャクルトンが遭難した時の本『エンデュアランス号漂流記』や、南極の自然環境を書いた『南極が語る地球物語』（The Crystal Desert）が役にたち、「吠《ほ》える四十度」「狂う五十度」「叫ぶ六十度」などの言葉が印象的だった。

南緯六十度付近にあるドレーク海峡は、世界に名だたる海の難所。通る時は、必ず海が大荒れし、「叫んだり」、「吠えたり」するという。

小さな耐氷船ブレーメンで「叫ぶ六十度」のドレーク海峡はいつ来るのかと、身構えて待った。しかし、船は何事もなく進み、燦々《さんさん》と太陽輝く穏やかな南極湾にすでに到着していた。滅多にない好天気だったようだ。

本来、我が身の幸運を喜ぶべきなのに、拍子抜けとはこのことか。揺れが来るのを、どこかで楽しみにしていた。

南極半島の寄港地では、ゾディアックというゴムボートに乗り換えて、各国の基地や観光スポットなどを訪ねた。やっと母のアテンダントの活躍どころがきた。

南極がどこの国にも属さずに、世界の中でとても特殊な位置付けをされていることには大きな意味があった。どこにも属さないというのは、どこかの国が取りたいと思う場所であるということで、そうなる危険性を各国が知るからこそ、互いにバランスをとって、占有しないでいるだけということ。

エベレストも昔、国の威信をかけて初登頂争いがなされたように、世界中の秘境は、各国の思惑にどんどん侵されて、政治や経済の欲望が蠢《うごめ》いていると実感した。

田部井淳子さんはそのまっただ中を生きた人なのだ。

ところが、そんなことどこ吹く風か、田部井夫妻は、飛鳥でもブレーメンでも船内生活を目一杯楽しみ、忙しそうだった。

「フォーマルとは何かを教えてもらってかき集めたの」と笑って、友人に借りたドレスを着る淳子さん。タキシード姿のご主人とフォーマル・ナイトも楽しんでいた。

乗る前は「ドレスなんか恥ずかしいよね」と言っていた人が、しばらくして白雪姫のようなドレスを着る人になるなんて、この時は想像もできなかった。

我々はアルゼンチンで船に母を残し、大西洋を北上する飛鳥と別れた。田部井夫妻は一足先に帰国し、私は数日ニュージーランドを楽しんでからひとりで帰った。

さて、少し寄り道したので、緊張感を戻そう。

日本で、いつものように連続ドラマの撮影をしていたところに、先ほどの「母倒れる」の知らせが入った。

第一報の時は、すぐにでも飛んでいかなくてはならないかと緊張して前のめりになったが、数日後には寄港地で散歩に行くくらい回復していると知らせがあった。すぐ行く必要はない、と言うより、行こうとしても簡単に行ける場所ではなかった。

南米でも、日本からかなり行きにくい海域を航行中の出来事で、私が行くとしても、寄港のタイミングと仕事の予定も合わず、比較的行きやすく、のちの対応もとりやすいロサンジェルスに着くのが数週間後。

ただ、母の強運を祈るしかない状況が続いた。

しかし本当に幸運なことに、船という特殊な環境が運を引き寄せ、病は軽く済んだ。船には診療室があり、高齢のお客様も多いので備えもあり、すぐに適切な治療が受けられたからだ。おかげで、電話で相談した先生の言う通りほぼ元の生活に戻れた。

ただこのことが、その後13年続く介護生活のきっかけになったのは間違いなかった。すぐに生活すべてに援助が必要になったわけではないけれど、母の日常をサポートしながら仕事をしていく生活は、最初気づかぬくらい静かに動き出した。

介護というのは、介護する側、される側の状況と事情が絡み合って、徐々に徐々に支える側の生活が介護中心に変化していき、いつの間にか身動きがとれなくなるものだった。ただ、必死で目の前の処理に追われてこなすので、その状況に気づきにくい。

リハビリ病院との付き合いや、介護や医療のシステムと格闘し、その度合いは少しずつだが年々増えていった。時々にまったく違う局面を迎えるから、目の前のことにただ必死で立ち向かうしかなく、当然ながら、山に行ける機会は激減した。

気がついた時には、心も体も追いつかなくて、いきなり崖《がけ》っぷちに立ったような気分になるという、そんな追い詰められて苦しい13年間でもあった。

元気で長生きすることはもちろんいいことである。誰もがそうありたいと思い、特に親にはそうあって欲しいと願うものだが、思いと現実は危険なバランスの上にあった。

でも、はじまりの頃は、介護はむしろ楽しいことだった。

当初軽く済んだ脳梗塞《のうこうそく》を、翌年軽くはあったが再発させて、そこから次々と深刻な状況になり、限りなく死に近づいた時期もあったが、この時母は、再び奇跡的な回復を見せて、また普通の生活ができるまでになった。

「たとえ元気になったとしても歩けないかもしれない」と、一度は絶望の淵《ふち》に立ったのに、ゼロから立ち上がる姿を見るのは、希望への道をともに駆けのぼる思いだった。

小さな自然が元気にしてくれる

それはすべてリハビリのおかげだった。

山をはじめて、運動で得られる自分の体の変化を知っていたので、一度ゼロ近くまでリセットされてしまった人間が、再び立ち上がって、歩き、しゃべるようになる姿を見るのは感動でしかなく、身につけた山の知識が役立つことが嬉しくて、サポートにのめり込んだ。周囲の患者さんやご家族とともに目指す目標に向かって励まし合う生活も楽しく、気づけば自分のことは二の次になり、やがて出口が見えなくなっていった。

母は、自転車にも乗ったことがなく、ジムなど当然知らない世代だから、リハビリ機器は初めて見るものだった。それなのに、ここが母のおもしろいところで、フィットネスバイクを楽しいと言って積極的にリハビリに励み、リハビリスタッフやリハビリ仲間と頑張った。

75歳頃からほんの10数回程度ではあったが、山に行っていたおかげで体を動かす楽しみを知っていて、また山に行けるようにとの思いもモチベーションになった。

もうひとつ、かなり大きかったのが、自然が与えてくれる癒《いや》しの効果だった。突然の病のせいで、一時、他のことにはほとんど関心を持たなくなったのに、自然が与えてくれる刺激には確実に反応した。

2月という一番寒い季節にもかかわらず、陽の光や、風の匂いなど、季節の小さな変化にも目をキラキラと輝かせ、とにかく散歩に行きたがった。

山用品はいくらでもあるから、ヒマラヤ仕様の防寒着でぐるぐる巻きにして寒さを凌《しの》ぎ、できる限り毎日、車椅子で病院の庭に連れ出した。いちいち届けを出すのは面倒だったが、そうやって毎日散歩を重ねることで、再び日常に帰ってきた。

父と同じ病院で、初登山からの山仲間もいてくれる環境もありがたかった。誰かしら顔見知りがのぞいてくれたり、病状の変化を見守ってくれたことは私の支えだった。

病棟の許可をもらって、廊下の要所要所に椅子を並べて、休み休みでも地道に歩行訓練をした。小さな努力を重ねることで1日1日回復していく姿は、見守る医療スタッフや私の励みにもなった。

こんな生活の中でも仕事はあったし、日常をなんとかこなす中で、トレッキング協会の活動はほとんどできなくなった。

やっと都合をつけて出席した総会で、当時会長を務めていた川嶋辰彦《かわしまたつひこ》先生から近況をと促され、各理事がそれぞれの活動を報告した。

「私的なことで恐縮ながら、家族の介護に時間を取られ活動できていない」と詫《わ》び、それでも、「病院の庭に連れ出し、小さな自然の中からたくさんの刺激をもらって元気になってきている」と報告し、自然の大切さ、自然が人に与える情報量の多さを実感したことなどを話すと、川嶋先生は「それは、自然の恩恵に気づくということですから、大変意義深いことであり、トレッキング協会の活動をしているということです」と温かい言葉をかけてくださった。

この優しい慰めの言葉に救われた思いがした。

確かに、母の元気になる姿を見ていて、山には行けなくても、人にとって自然がいかに大事かをあらためて知ることができた。山に行っているのと同じか、それ以上に大切なことを都会といえども自然は教えてくれていた。

あの病院の、あの立派なお庭が、母を元気にしてくれた。それは確かなことで、とても素敵なことなのに、あの素晴らしいお庭は残念ながらなくなってしまった。

病院の建て替え費用のためであり、それは仕方のないことと理解はできるが、ごく普通の病院になってしまったのが残念でならない。

庭など医療施設とは関係もなく、普通に考えたら無駄なのだろう。広大な敷地は巨額な価値を生むと考えるのが現代であることも知っている。でも、そのささやかな自然によって命を取り戻す人間がいるということにも、もう少し目を向けてもらいたいと、小さな声でしかないけれど訴えたい。

あの庭がなかったら、おそらく母のその後の回復はなかった。それほど人間は、自然によって守られ生かされている、繊細な存在ではないだろうか。

少しずつしか変化はなくても、日々努力することで母は元気になり、年単位の時間はかかったが、ほぼ以前と同じ程度に暮らせるまでに回復した。

ただこの10数年は、リハビリで筋肉をつけて元気になることと、歳を重ねて老いていく速さと、どちらが勝つかの競争のようだった。その上、細かく変わる国の制度変更に翻弄され、リハビリをどこまで続けられるかが患者の未来を左右しかねない、なかなか深刻なものになった。常に絶望と希望の間を激しく行き来し、気がつかないうちに世話をする私の方が精神的に追い詰められていった。

この間田部井さんは、それと悟らせないようにさりげなく、でも本当に気遣ってくれた。無理を承知でも山に誘いだし、さまざまな会合にも声をかけてくれた。常に行けるわけではなかったが、行ける機会を見ては参加させてもらって本当に助かった。あらゆる方面から手を差し伸べてくれていたと、しみじみありがたく思う。

さらにもうひとつ、彼女の作ったアウトドアウェアが、リハビリ生活を支えてくれた。彼女は少し前から自分のブランドを立ち上げていて、女性が着やすく、手軽におしゃれもできる登山ウェアを展開させていた。そのウェアが、山ではない病院で大活躍してくれ、暗くなりがちな生活を彩ってくれた。

もともと山以外にはパンツなどはかなかった母だが、体に多少の不自由が出てからはスカートよりパンツの方が楽で、足を上げたり体をひねったりするリハビリにも、登山ウェアが本当に役にたった。脱ぎ着が楽で、身動きしやすく、適度に伸びるから活動もしやすくて、洗えばすぐに乾くのがありがたく、介助もやりやすかった。

そして淳子さんのこだわりで、裾《すそ》が細くデザインされていてすっきり見えた。いかにもおばあさんくさくならないのが本当にありがたかった。色も綺麗《きれい》で、伸縮性があって、諦《あきら》めなければならなくなったおしゃれの要素もあり、毎日カラフルなシャツを変えて楽しんだ。

母は大正ロマン世代だから、おしゃれにはこだわりがある。年は取っても、病気になっても、おばあさんくさいのは嫌だった。

可愛い色合いのTシャツは、最後に残された女子の砦《とりで》だ。

ベッドサイドにJUNKOブランドのシャツが置いてあったのも一度ではない。私が仕事に出ている間に見舞ってくれたようで、顔を見せてくださるだけでもありがたかった。Tシャツは退屈な病院生活を彩り、田部井家の人々は母の気を紛らわせてくれた。

このJUNKO TABEIブランドでファッションショーを何回かやった。

おもしろいことをやり続けようと、山仲間と常にアイデアを出し合っていた。それが彼女たちにとっての遊びでもあった。

そのショーの初回に「あなたもモデルになってよ」と言われた。

出会ってすぐの頃から、「基本的に田部井さんの依頼は断らない」と決めていたので、たいていの場合は断らない。どうしても仕事と齟齬《そご》がありそうなものは事務所と相談して、できるだけ可能性を探ってお手伝いした。

それは、この人は、人として信頼でき、尊敬できるという確信があり、「この人について行こう」と心に決めたからだ。

ただこの時は、私のような職業の人間が出て行かない方がいいのではないかと彼女に進言した。

最初に行われたファッションショーは、山仲間の女性たちがはにかみながらモデルを務めて大好評だった。その後しばらく続いて、だいたい同じ顔ぶれが毎年顔を揃えた。

そのことがショーに出る人、見る人双方の皆さんの楽しみになり、モデルさんたちは、回を重ねるたびに、お客様を魅了する美しくてチャーミングな、その上本職には出せない味のあるモデルに成長していった。

最初は「恥ずかしいわ」と言っていた田部井さんの住む地元の女性は、山仲間の最高齢だそうだが、実にパワフルだった。誰よりも歩くのが速いからと「猿飛《さるとび》の母」とあだ名されている可愛らしい方で、確かに歩きが速かった。母も一緒に行った山でお世話になり仲良くしていた。この方は、会のたびに「このショーが楽しみで、元気になれるのよ」と言って、歩き方やウェアの見せ方を工夫された。

「こうやった方が素敵に着こなせるわね」とか、「格好良く見せられるわね」などと、仲間同士相談して、それぞれの魅力を引き出し、見事に売り上げにも貢献した。

人に見られることが仕事の私などには出せない、温かい雰囲気があり、山のウェアとの親和性も抜群だった。このことが元気の源になるなら、私などが出る幕はない。何倍も素晴らしいことと拍手を送った。

やがてどこで評判を聞きつけたのか、老舗《しにせ》デパートの三越から声がかかり、とうとう日本橋三越ライオン広場でショーが行われるまでになった。

大理石の階段を使って開催されたショーはなかなか見もので、この時は階段を取り囲んで身動きできないほど人が集まり、驚くほど売り上げたと聞いている。

モデルたちもこの頃にはすでに手慣れたものだった。

いずれにしても、仲間が揃ってこの遊びを楽しんでいる姿がとても微笑ましく、淳子さんは女性の背中を押すのが上手だなぁと感心したものだ。

彼女はたいてい一年中忙しくしていたので、私から連絡することもあったが、「日本にいないかも?」とか「また山に行っているかな?」と控えてしまうこともあって、圧倒的に彼女からもらう連絡の方が多かった。

世界中飛び回る忙しい日々の合間を縫って、電報のような短いメールで、食事に行こうとか、イベントがあるとか、彼女のお仲間の集まりにもよく声をかけてくれた。

三越でのファッションショーの主力メンバーと、山の仲間はほぼ重なっている。「森の女性会議」と名づけられた会の参加資格は、女性であること、仕事を持っていることだったとか。皆さん仕事を持って、活躍している女性が多かった。年代も幅広く、現役で仕事をしているから話もおもしろく、会うたびに飛び出す刺激的な話題を楽しませてもらった。その仲間で何度も山に行った。

淳子さんは、行った先々でお友達を作って帰り、ファンを増やしていた。そこにも交ぜてもらって、ずいぶん楽しい思いをさせてもらった。

自然に親しむトレイル・カルチャー

ある時、田部井さんもよく知る、仲良しのアウトドア企業の人から突然電話があり、「トレッキング協会の理事になって」と言われた。

びっくりして詳細を聞くと、田部井さんも理事で参加していて、会議の時にいくつかの課題をあげるとともに、女性の理事が少なすぎることを問題視されたという。それで私に声をかけると提案したとのことだった。

ご本人から直接聞いたわけでもないので、どうしようか悩んだが、少し考えたのち、事務所にも確認を取って受けることにした。

そのトレッキング協会の総会の場で、加藤則芳《かとうのりよし》さんと初めて会った。

「やあ、よろしくね」と片手を軽く上げて、あの人懐こいお顔に満面の笑みを浮かべて迎えてくれた。

こちらにしてみれば、実は長年の読者でもあり、内心は「わ、わ、わ、どうしよう」とざわざわ波立っていたのだが、彼はそんなこともちろん知らない。こちらの方がいわゆるミーハーだ。これはアウトドア好きになってから、ありがちなことだった。

彼が、『森の聖者』の著者であることは山と出会ってすぐに知った。

ただ、読んでから時間が経つうちに、ソローの『森の生活』の翻訳者といつの間にか混同して、勝手に加藤さんを重々しい学者タイプの方と思っていた。

つまり、加藤さんがジョン・ミューアの生涯を書いた『森の聖者』と、ヘンリー・デイビッド・ソローの『ウォールデン　森の生活』との、ああ勘違い！だったのだ。

しかし、別の面でも愛読したものがあり、そちらは自然を愛するご家族の楽しい話題が満載だった。当時住んでいた八ヶ岳からのさまざまなニュースを連載していた雑誌の愛読者として長いこと楽しませてもらった。

地方に生まれて、少し歪《ゆが》んだふるさと感を持っていたから、都会が大好きなのに、都会にいると今度は自然が恋しくなるというわがままな人間だ。それゆえの憧れかもしれないけれど、ずっと心の故郷探しをしてきた。だから、どこかに故郷を決めようと本気で思い、田舎暮らしをすすめる本を買い漁《あさ》っていた時代があった。

加藤さんは、歩くことを主にした冒険をしていて、そのことを文章にして発信する人だった。その起点として八ヶ岳に住み、彼を敬愛する若者も集まる、宿泊施設を経営していた。

私も憧れてやってみたいことが書かれている彼の文章は、読者にとっては、憧れのスターを見つめるようなものだった。エッセイを読んでいたので、お宅の周囲の環境もイメージできた。子どもの頃に空想のお友達を作り、地図を描いて無人島遊びをしたのとなんだか似ていた。

だから、加藤さんに突然会うことになった時、そんなふうに覗《のぞ》き見たお宅の主人にばったり会ってしまったような妙な気分も、なんだか私を照れくさくさせた。もちろん話せば、楽しい人だったからすぐに打ち解け、すっかり仲良しになった。

すでに八ヶ岳の生活は切り上げて戻ってきたと聞いた。ああ、そうなんだ……、あの素敵な生活はいまはしていないんだ……。自分のことではないのに、なんだかガッカリするような、寂しいような……。そんなふうに感じることも、著者と読者の間の不思議な感覚だなと思ったり、大忙しだ。

その後いくつもの活動をともにするうちに、だんだんと、加藤さんの自然観と、自分が思い描く自然という概念や自然への向かい方が近いと感じるようになった。

トレッキング協会の初期メンバーは圧倒的に登山家が多かった。

山に興味のない方には何のこと?だろうけれど、登山家、冒険家、ハイカー、ナチュラリストなども入るかもしれないが、方法やアイデンティティーなどを含めてカテゴリー分けされている。と言っても、明確に分けられる人はどれほどいるだろう。

私がおおせつかった役割は理事だけど、田部井さんは確か、最初は常任理事でのちに副会長、会長と責任が増えていった。加藤さんは常任理事として会の実務的な運営を中心になってやってくれていた。理事たちの中でも加藤さんの考えが共感できた。

当初は果たして自分は何をするのか、おっかなびっくり様子を見ていた。

トレッキング協会でも、最初それしか語っていないのではないかと思うくらい、会議の大半の時間を費やして、登山とは、などの概念が議論されていた。初めて参加した理事会でも、「トレッキングとはなんぞや」というところから話がはじまった。確かにトレッキングとは何なのか、簡単に説明はつかないし、日本と海外での認識が違い過ぎて難しい問題だった。その後も何度も、本当に何度もその話は繰り返された。

日本での体感として、登山、トレッキング、ハイキング、ウォーキング、散歩といった順番に難易度を分けて語られている。登山というと、「ああハイキング程度なんでしょう？」という聞かれ方である。「いえ、そうではなくて……」と言い出すと急に理屈っぽくなり、質問した方は当惑の表情を見せる。

登山は、山岳部がやるような、ギアを使って岩場を登ったり、冬山に挑戦といった厳しいイメージか、ヨーロッパアルプスやヒマラヤを目指すようなものと思われているようだ。トレッキングはそこまで厳しくはなく、日本で言えばせいぜい2000メートル程度の山に行く感じ。ハイキングはもう少し平らな丘のようなところも入って、ウォーキングは、まあ平らなところを自然があるなしにかかわらず、言葉通り歩くこと。

そんな感じではないかと、山を始める前に自分が描いていたイメージと、山を始めてから感じる、皆さんの思っているであろう感覚を勝手に分けてみた。

もちろん協会で何度議論しても、なんとなくの答えしか出なかったことだから、明確に分けられるようなものではない。そして成り立ちの違う言葉の羅列にすぎないので順番に並べられるものでもない。

実際アメリカなどではトレッキングと言っても日本の山より高く厳しいところを行くものを指すこともあり、日本人のイメージとはずいぶん違う。

加藤さんが行ったアパラチアン・トレイルなどは、日本人の思い描くトレッキングとは異なり、野生動物もいて、標高差もあり、距離も長くて厳しいものだ。だからこそ楽しい道でもあり、成し遂げた人は、自分ができないことをやった人ということで周囲の尊敬と称賛を集める存在となる。

普通のオフィスワーカーが、1ヶ月の休みに奥さんと大陸横断自転車旅行をする国らしい話だ。

加藤さんの帰国報告会に参加して、トレイル文化は日本で言うとお遍路がわかりやすく、山で言うと、いわゆる縦走に似ていると思った。もうひとつ、アパラチアン・トレイルには、アパラチアン・エンジェルという、トレイル・エンジェルの文化がある。そちらは、事情が違うから完全に同じではないけれど、お遍路のお接待に似ていると思った。加藤さんは山に登るだけでなく旅のように自然と触れた。

トレイル・エンジェルは、歩く人をいたわり、ねぎらい、敬い、時には宿を提供したり、送り迎えをしたりと、それぞれのもてなし方でハイカーを支える人を言い、峠道などにそっと飲み物や食べ物を差し入れたりすることをトレイル・マジックという。こちらはハイカーにとって、突然見つけるプレゼントがマジックだからだろう。

トレイル文化がトレイル・エンジェル、トレイル・マジックに支えられて成立し、エンジェルたちもハイカーを支えることをプライドを持って楽しみながらやっている。

アパラチアン・トレイルは、アメリカの代表的なロングトレイルで、アパラチア山脈に沿ってジョージア州からメイン州にかけて14州をまたぎ、3500キロメートルもある歩くための道のことをいう。

アメリカ国内からも、世界中からも人が集まる人気のトレイルだ。

ロングトレイルには、スルーハイクとセクションハイクというふたつのやり方があり、スルーハイクは、シーズン開始の春に南から北を目指し、完全にゲートが閉ざされてシーズンが終わる秋までに終点に到着しなくてはならない。

ただ山の中を歩くだけではなく、途中でトレイルを外れて下の街に立ち寄ったり、自由に行動していいようで、最終的に閉鎖される日に間に合えば、スルーハイカーの栄誉を手にできる。

セクションハイクは、セクションごとに時期を変えて歩くので、必ずしも同じ年に終点に着かなくてもいい、というやり方の違いだ。

加藤さんはそもそも、『森の聖者』でジョン・ミューアを描き、アメリカの国立公園に関心を持ってジョン・ミューア・トレイルに行った。ジョン・ミューアはアメリカ初の自然保護運動を起こし、国立公園の理念を確立した人で、加藤さんの行動の核となった人だ。だから、いつかはアパラチアン・トレイルをと思っていたようだ。

おそらく、アパラチアン・トレイルをやっと実現するタイミングで、私は彼と出会ったのだと思う。急激に親しくなり、仲良くさせてもらったが、存在を知ってから実際お目にかかるまでに時間がかかったので、お付き合いは決して長くなかった。

加藤さんは、登山家、冒険家というカテゴリーでいうと冒険家に入るのだろう。多くの登山家、冒険家がそうであるように自然と触れ合った経験をエッセイにする文筆家だった。ひとりでいろいろなところに行き、そこで感じたことを文章にして、雑誌や本などで発信していた。

前職は出版社の編集者だったから文章を書くのはお手のものだろう。歩くこと、書くことを天職としていた。

その上彼は自撮り写真の名手だった。登山家や冒険家は発信するのも役割のひとつだから、写真に通じる人は多い。そして、ひとりで行動することもあるから、自分の写真を自分で撮る人も多い。

ある登山家に見せてもらった写真は、厳しい雪の斜面を登る本人の姿だった。登っている写真を撮って再びカメラに戻り、回収してまたそこを登るというもので、厳しく切り立った斜面を登る本人が、自分の姿を撮っていることに驚いた。

親しくなってから、加藤さんの著書のあるページを指して「この写真っておひとりでどうやって撮ったんですか？」と聞いた時に、「これね、かなり遠くに見えるでしょ？でも意外に近いんだよ」と、とっておきの情報を教えてくれた。

遠くの崖の上にひとりたたずむ加藤さんを、写真家が遠くから構えて撮ったとしか見えないのに、「そう見える場所を見つけて自撮りしただけ」と答えた。

カメラを固定してシャッターがおりる時間を設定して走って行ってポーズをとったというのだ。そう言われてもう一度見てもとてもそうは思えないくらい、かっこよくポーズを決める冒険家の姿が映っている。崖の上を走っている彼を想像するとニヤリとしてしまうが、何事にもこんなふうにサラリと軽く接してくれた。

軽いというのは、軽薄という軽さではない。ふわっと軽い風のようなというか、重いことも重さを感じさせずに対応するとでも表現するか。しっくりする言葉がないが、すごいことをしているのに、ふわっと軽くただようような人だった。

彼のまわりに吹く風は、湿気を帯びた日本の風ではない。乾いてふわっと通り過ぎていくようなトレイルの風だ。

渾身《こんしん》の力を振り絞って書き上げた、最後の著作『メインの森をめざして』は、半年間におよぶアパラチアン・トレイルのドキュメントとして、厳しく苦しい旅を続ける彼自身を描いて、読む方にも、作者と同じくらいに体力を必要とさせる長編だ。

途中途中で出会うハイカーやトレイル・エンジェルと、半年の間、何度も再会する。それぞれ自分のペースで歩き、寄り道もする。並んで歩いたり、行き違うたびにハグしたり、ただ「やあ！」と言って通り過ぎたり。そんなさりげないけれど密度の濃いやり取りが次への元気をくれる。それが歩くことで生まれるトレイル文化なのだろう。

加藤則芳さんの周りには、アメリカ文化に憧れた彼がまとう、トレイルの楽しさを体現する風がいつも吹いているような気がする。

加藤さんが遺した道

トレッキング協会に参加してすぐに研修旅行があり、理事全員で、現地でのミーティングを兼ねて、加藤さんが尽力した信越トレイルの視察に行った。

芽吹き始めた新緑が残雪期の斜面に映える、最高の時期の研修で、当時の理事は全員参加だったし、田部井さんの親友も後から参加し、思い返しても登山や自然環境にかかわる豪華なメンバーが勢揃いした。

長野県飯山《いいやま》市にある自然歩道のひとつ、信越トレイルのベースとなる、なべくら高原・森の家にみんなで泊まって修学旅行のようだった。いい年をしたおじさんおばさんが、まるでキャンプファイヤーのように焚《た》き火を囲んで熱く話した。

この道ができるまでを、のちにトレッキング協会の仲間になった、当時は現地責任者だった木村宏《きむらひろし》さんと、加藤さんのふたりからじっくり聞いた。木村さんも、加藤さんによって人生が大きく変わった人だった。

長野県と新潟県の県境に連なる信越トレイルは、そもそも加藤さんが、飯山市の鍋倉高原にあるこの建物にふらっと現れたことが発端だったそうだ。彼が何年も地道に通うことで道はでき、我々が行った当時80キロメートルだった道が、いまは総延長110キロメートルまで延伸している。全国に歩くための道が広がるきっかけにもなったトレイルだ。

1970年代から全国に自然歩道の構想があり、アパラチアン・トレイルを模して東海自然歩道が作られた。他にも自然歩道は全国にいくつもある。山仲間にも東海自然歩道を歩いたという人はいたが、管理は自治体によってバラバラで万全ではないようだ。

こういう散らばっている構想を、いまのロングトレイル文化に結びつけていったのは、加藤則芳さんと言っても言い過ぎではない。

道を作る、道を整備すると、普通に聞くと、高速道路を作るようなイメージで受け取られるが、トレッキングのトレイルとはそういうものではない。

私の大好きな谷川俊太郎《たにかわしゅんたろう》さんの詩に、『みち』という連作がある。12編の連詩になっていて、道という概念から、自然の摂理、動物との関わり、人の営みなどを表現しているとても素敵な作品で、これを読むと、加藤さんとトレイルが私の頭の中にいつも浮かんでくる。特にみちのく潮風トレイルへの加藤さんの思いを、この詩が表しているような気がしてならない。

『みち』の中にもあるが、言ってみれば、道のはじまりは獣の踏み跡のようなもの。動物の一歩から道ははじまり、水場などの目的地があれば、そこに行く獣の踏み跡が道となっていく。目的がなくなれば、その道も自然になくなってしまう。

以前、それを実感する体験があった。せっかくだからルーツである故郷を訪ねてシンボルの山に登ってみようと、伊豆半島の天城山《あまぎさん》に登りに行った時のこと。

帰り道、我が家の裏山への道を探索しようと思い立って、12歳まで育った家のある地域を訪ねた。遠くから我が家とわかる大きな桜の木も切られ、すっかり変わっていた。ご近所も誰が住むのかわからなくなっていた。

それでも家を一歩出れば見える富士山は変わらず美しかった。

幼い頃、近所のお姉ちゃんが引率する、三本松探検隊と名付けられた子どもの冒険遊びがあった。尾根に三本松が生えた裏山へ向かうから三本松探検隊だったのに、我らが目指した松はもう枯れてなくなっていた。

途中にある温泉小屋のあたりまででも登ってみるつもりだった。

低い裏山のほぼ三分の一程度の高さに、椎茸《しいたけ》栽培や、山菜や野生のきのこ採りに使われていた道があり、その奥には温泉の源泉管理小屋があった。入口近くには、大仁《おおひと》金山の坑道の名残という洞穴が見えていたりした道を、小さな私は、お姉ちゃんたちにくっついて、探検と称してわくわくしながら遊んだ。実は怖くて泣いてばかりだったが。

温泉や山の水を集積する作業小屋があったはずなのに、誰も使わないのか、道は跡形もなく消えていた。消えるというのは、草木で覆われて行けなくなっているということ。50年も経てば、山の利用価値がなくなっても仕方のないことだった。

地形は変わっていないから行き方はわかる。とにかく行ってみようと入口まで行ったけれど、背丈などゆうに越す藪《やぶ》になっていて、電動草刈り機でもないと足元に何が蠢いているかも確かめようがない。この辺はマムシもいるので怖くてとても入れない。

雑草の勢いは、甘っちょろい感傷めいた思いなど簡単に跳ね除《の》けて、頑として人を通す気配はなかった。人と関わりがなくなれば自然は変わるとはっきり悟った。

東日本大震災後、人が住めなくなって放置された道の映像を覚えているだろうか。あまりにも悲しく厳しい被災地の映像を見続けたので、記憶は消されているかもしれないが、ひび割れたアスファルトのあちらこちらに草や木が生え、荒涼たる景色となった画面が悲しかった。工事をした道路でも、人が使わなくなれば手入れもできず、あっという間にボロボロになる。ほんの数年で、舗装路にも草木が生い茂る。自然とは人間よりも遥《はる》かに力強く再生していくものなのだ。

人間にとっての破壊は、植物には再生となる反面もある。

歩くための道は、舗装路とは違い、歩かなければあっという間に藪に戻る。たとえそうだとしても、歩く道という性格上、いかに自然に負荷をかけずに作るかが大切なので、舗装はしたくない。だからこそ、舗装路以上に、日頃のメンテナンスが大切になる。

そのために加藤さんは長い年月かけてこの街に通い、地元の人と交流して、歩くための道という考え方を少しずつ浸透させていった。

よその人間がたまに行くくらいではとても道を維持することはできない。その道を愛し、守らなければならないという考え方を、地元の人にきちんと受け止めてもらい、自発的に動いてくれるよう丁寧に伝え続けた。

彼は不思議な人で、いつもあの人懐こい笑顔で仲良くなって、すぐにその場になじんでしまった。歩く旅でつちかった人間力なのだろう。誰とでも親しく話し、彼の考えを伝え、決して押し付けがましくはないのに、結果として巻き込んでしまう。そして、彼のために動こうとする人が、いつの間にか自然に育ってしまう。おそらくそれが、彼の最大の魅力だろう。

信越トレイルの実働を担った木村宏さんも、環境省の若きレンジャーたちも、環境省の上層部までも巻き込んだ。私も加藤さんに魅せられたひとりだ。

トレッキング協会の理事たちが勢揃いした、なべくら高原・森の家の夕食後。同じ時間を過ごした世代が多かったからか、ごく自然に、キャンプファイヤー、フォークソングなど、ある時代を象徴するような雰囲気になった。

加藤さんはキャンプファイヤーの似合う人だと思った。

多分私とひとつ違いなはずなので、アメリカのヒッピー文化を背負う時代の人だ。ウッドストックやナッシュビルといったアメリカの一地方に、音楽好きが集まる一大ムーブメントがあった。そんな時代の空気を色濃くまとう人だった。

彼はよく、カウボーイ顔負けのかっこよさでバンジョーを聞かせてくれた。もしかしたら、その昔、ヒッピーを目指していたのかもしれない。アルミのジョッキでビール飲みながらバンジョーを弾き、みんなで歌う。そんなイメージがとても似合った。

もともと彼が持っていたものなのか、アメリカのトレイルを旅するうちに身につけた文化なのか、遅く知り合った私にはわからないけれど、炎の揺らぎを映す彼の横顔が、まるで写真のように目に浮かぶ。おしゃれでかっこいい友人だった。

2011年3月11日。東日本大震災が起きた。日本中の誰もが驚き怯《おび》えるような途方もないことが現実に起きてしまった。しばらくは目にする情報に打ちのめされるような日々を送り、それでも少しずつ日常が戻ってくるようになった頃、加藤さんも動き出した。

フィールドワークに行った時や、協会の事務局で話した、他愛《たわい》もない話もおもしろかったけれど、なかでも、東北・三陸沿岸の長い道と、九州自然歩道の話はいつも熱く真剣に語ってくれて興味深かった。

現在はみちのく潮風トレイルと名付けられた東北の道は、当時はもちろん名前はなかった。どちらも日本にアパラチアン・トレイルのような長く歩き通せる道を作りたいという思いから発したものだった。

加藤さんが長年働きかけてきたロングトレイルの構想だったが、身近にいる人は心動かしてくれても、国の計画としては、遅々として進まずという印象だった。

お互い忙しく、いつもじっくり話す時間はないけれど、会うたびに切れ切れに入る情報からは、やっとこのふたつがほんの少しずつながら動き出したと感じられるようになった。

そして皮肉なことではあるが、決定的だったのは、東日本大震災だった。震災をきっかけに、復興事業として一気に前に進みそうだと聞いた。

いくら働きかけても動かないことはたくさんあり、悲劇的なことをきっかけに動くということも世の中ザラにあることで、残念ではあるけれどそれも現実だ。

社会とはまずそんなものだ。どんな理由であっても、長い懸案事項が少しでも動き出したことに、加藤さんはとても嬉しそうだった。

でも、彼はこの時、難病のALS（筋萎縮性側索硬化症）と診断されていた。

少しずつ進行していたのかと想像するけれど、「疲れやすくてさ」などと聞いても「歳じゃない？　体力も少しは衰えるよ」などと返して病気とは思わなかった。

震災が起こって、物事が進むにつれて彼の状況は厳しくなっていった。それでも情熱はまったく衰えなかった。精力的に活動し、八戸《はちのへ》を起点に相馬《そうま》まで、当時800キロメートルを想定する道の構想が現実味を帯びていくのを、楽しそうに見守っていた。深いところの本心は計り知ることもできないけれど……、時々会うたびに進捗《しんちょく》を聞き、実現できることを祈るような思いで見つめるしかなく、ただ待った。

彼は絶対実現できると確信していたように思う。いつも、「僕がいなくなっても、環境省にちゃんと若いレンジャーたちが育ってくれているから、絶対に大丈夫」と話していた。

そんな彼が、トレイルの開通を待たずに、この世から旅立ってしまった。

正直言って、あっけなくなのか、長い闘病の末に、というべきなのか。感覚としてどちらが正しいのかわからない。長さと辛《つら》さは比例も反比例もしないものだった。

ある時突然、難病と言われ、医者も驚く進行の速さで、生活のすべてが変わっていく。そのスピードに友人ですらついていけない驚きだったのに、当時者である加藤さんの無念さは想像することもできない。

世界のどこへでも歩いて出かける人が、その手段を徐々に奪われる。言葉を駆使して伝えていく仕事も、頭の中にいっぱい詰まっている言葉を紡ぎ出す手段が奪われていく。

病気に良いも悪いもなく、比較などとてもできないけれど、この難病はなんとも酷《ひど》いと恨みたくもなった。

私の知る限り彼はずっと明るかった。けれど、内心はご本人にしかわかりようもない。そしてそばで見守るご家族の大変さは、おそらく我が家の介護どころではなかった。

介護まっただ中で、立派に鬱《うつ》っぽくもなった経験から、奥様とは、彼女が疲れてしまわないように、細かい情報を伝えたり、気楽な話をしたりと、せめて息抜きになれればとできることを探した。

それは、ややもすれば、路地に迷い込みがちな自分の助けにもなった。

それでも、そばで何かしてあげられるわけではないから、彼女は本当に大変だったと思う。最近よく、名前のつかない家事という言葉を聞くが、介護、看護はまさに名前のつかないことの積み重ねで心がつぶれそうになるものだ。

せめてわかってくれる人がいるだけでも、とは思うけれど、本音を言えば、自分と同じくらい動いてくれる人が欲しいもの。そんなことを頼める相手は、国の制度では見つけられないし、みんなが忙しいいまの世の中では見つけることなど不可能に近い。

介護と看護が分かれていることでその隙間にこぼれてしまう人もたくさんいる。働きながら子育てもし、有り余る情熱を持ちながら、表す手段を少しずつ奪われていくご主人を近くで支え、世話をするって、言葉に尽くせない大変さだと心底思う。

本当に彼女はよくやっていて頭の下がる思いだった。

結局あれが、思いを交わせる加藤さんとの最後になってしまったかと、せつなく思い返す出来事がある。

「山と溪谷」編集長だった友人とお宅を訪問した時のことだ。

もうこの頃になると、何によって言葉を交わしたのかも記憶が定かでない。奥さんや私たちが話すことに彼が、「そう」という意思を伝えてくれただけなのか、少ないながら言葉を声で渡してくれたのか、もうほとんどわからなくなってしまった。

帰りに「じゃあ、加藤さんまたね」と私が手を振った時に、

「ああ！」っと、すぐさま後悔した。

前回は「うん、またね」と手を振りかえしてくれたから、うっかりやってしまったけれど、この時彼はもう手を振れなくなっていた。

ああ。ごめんなさい。

「私が手なんか振らなければ、悲しい思いをさせなくて済んだのに……」

帰り道、やりきれない思いを抱えて、編集長とふたりでトボトボと駅に向かった。

ＡＬＳという病気は、人によって進行が大きく違うようで、一概には言えないのかもしれないけれど、地球を歩き通せるくらいに体力も脚力もあった人が、徐々に歩くことができなくなり、言葉で思いを伝えることを生業《なりわい》にした人が、時間とともにその手段を奪われていく。それでも頭はいつまでもクリアなのだと言われて、「どっちがいいのよ！」と悪態をつきたくなった。

この半年ほど前だったか、彼の作品の出版記念パーティーがあり、すでに車椅子を使っていた加藤さんがいつもの笑顔で話しかけてきた。

喧騒《けんそう》に紛れて聞こえにくくて、腰を折って近寄る私に

「僕ね、結構カッコマンなんだよ」とニコニコしながら言った。

なんのことかわからず奥様の顔を見ると、畳み掛けるように

「本当はね、この額にかかる前髪は気に入った形があるんだけど、もう自分でかきあげられないんだ」

「この人に頼まないとできない。でも彼女も大変だから、諦めることにしたんだ」

「そうだね、十分かっこいいから大丈夫だよ」

そんなことを言った気がする。でも、正直なんと返していいかわからなかった。なんと言えば正しかったのか……。

このパーティーの会場で、久しぶりに冒険家のシェルパ斉藤《さいとう》氏と会った。いつも穏やかな彼が、珍しく「加藤さんの意思を伝えていかなければならない」と熱く語った。斉藤さんには確固とした冒険のスタイルがあって、仕事柄、彼のやり方を通すために映像媒体には出ないと決めていた。

彼はあまり人とつるむことを好まない人だったが、その彼から、「加藤さんの想いを伝えるためなら、トレイルの活動もやる。映像に顔を出すのもやぶさかではない」と聞き、斉藤さんの加藤さんへの熱い想いを知った。

そうだ、彼の想いは残された私たちがつないでいかなくてはならない。でもそれはどうすれば良いのか、まるでだだっ広い草原で行き先を見失ったような気分だ。

加藤さんがアパラチアン・トレイルを歩き終えてからの時間の流れはいま思い出せないくらい速かった。『メインの森をめざして』を書き上げて、そんなに経っていないような気分でいた時期に、突然逝去の知らせをもらった。

慌ててお宅にお邪魔すると、加藤さんは、いつものまま、穏やかに横たわり、静かに闘いを終えていた。お気に入りの書斎で著書や思い出の品々に囲まれて、まるで眠っているようだった。

奥様と手を握りあって、ただ黙ってここまでの時間といまの悲しみを分かち合った。でも、泣くのは堪《こら》えたつもりだ。自信はないけれど、できるだけ明るく見送りたかった。

CHAPTER

5

自分のために道を歩く

自分でシナリオを書きながら登っている

2020年の2月はじめ、ミルフォード・トラックで久しぶりの山旅を堪能《たんのう》し、日本に帰ると、日本も世界も、コロナウイルスで大騒ぎになっていた。久しぶりの登山を機に本格的にまた山にと思ったのに、浦島太郎のようにすっかり変わった世の流れに飲み込まれてしまった。

帰国の日、仲間と成田《なりた》で打ち上げして別れようと言っていたのに、とてもそんな気分にはなれず、散り散りになって家に帰った。

帰ってすぐに緊急事態宣言が発令され、日常は否応《いやおう》なく変化を強いられて、引きこもることになった。

現在、コロナも表面上は落ち着いたかに見えているが、私は相変わらず、絶対にかかりたくないと、行動をその都度自分の尺度で精査しながら生活しているので、なかなか以前のようには戻れていない。

あっという間に3年が経ち、２０２３年の春。

やっと、メンバーが揃い、打ち上げを兼ねて再会することができた。

あれ以来久々に顔を揃えた面々は、人生にそれなりの変化もあった。顔を見るや、堰《せき》を切ったようにしゃべり続け、最終的に皆が口々に言ったのは、また行こうねという言葉。ワッと一気に盛り上がりそうになったけれど、実際感染症はどうなっていくのか、世界は戦争まで起きて先が見えない。まあ、気持ちははやるけれど、現実的には来年以降かな?ということで落ち着いた。

この中には地方在住になった人もいて会う機会も限られて、この再会は貴重な時間になった。

でも、あのたった2週間という短い時間にしろ、あの時の、密度濃い毎日の中でつちかわれた友情に変わりはなかった。来年は行けるといいなぁ。

そこそこ先が見えたような気分になる40歳の時に偶然出会った登山だが、登ってみればいきなり魅了されて急激に未知の世界に分け入って、がむしゃらに楽しんだ。そこで出会ったこれまでとはタイプの違う人たちにも居心地の良さを感じ、勝手に懐いて、教えてもらうことがいっぱいあった。

おかげでものの見方や感じ方ももう一度見直せて、いろいろなことが変わっていった。ただ、ひょっとしたら、一周回って元の場所にたどり着いたのかもしれないという気もしている。戻ってきたなら、やらなくてもよかったかと言えば、もちろん違う。

自分にとって好きな山は、登る過程で起こるさまざまなことが楽しい山のことだったから、登頂の数や高さにあまり関心はなかった。数字に関心がないから覚えようともしなかった。体験したこと、過ごした時間、触れ合った人々が何より大切だった。

贅沢《ぜいたく》な出会いに恵まれ、山は何年経っても、ともに登る人がいつも超一流だから、常に自分が一番初心者になる。だから気持ちはずっと初心者のままだ。

それは幸運なことでもあり、吸収できる知識も特別なもので、何より刺激的だった。

年の離れた兄弟が上にいてまるでひとりっ子のように育ったから、末っ子気質が抜けないのかもしれないと思うが、どうも下から、才能ある人をあおぎみるのが好きだ。

それは仕事も同じことで、尊敬する先輩たちをそばで見ていられるのが幸せだった。年長者に庇護《ひご》される心地よさも知っている。長幼の序を叩《たた》き込まれた世代でもあるから、その人たちを見続けてきたことで、上に対する畏敬《いけい》の念が強すぎ、いつまでも見上げるばかりなのかもしれない。

才能豊かな人の姿からは手本として学ぶことが多く、大勢の素晴らしい人々に支えられてきたと、仕事と登山を関連づけてみたりもする。

何に対しても慣れるということがないというか、熟練の境地になれない。これは山も仕事も同じだった。

たとえ同じ山に登っても、同じことは一度もないから、その都度新たに立ち向かえる。ある意味毎回初めてと同じこと。おかげでいつまでも新鮮に感動できるのがまた嬉《うれ》しい。

私たちの仕事も、違う山に登るのと同じように、初めての人と出会い、初めての場所で作り上げていくことが多いので伝統芸能とは違う。毎回さまざまな仕事場に行き、初めましての人と関係を作りながらのモノづくりは、慣れることとは別のことだった。

できるようになったと思っても、また新しい、初めましての場所で、見も知らぬことをしなければならず、なんだか熟練にはほど遠い。

でもそれはいつも新鮮であることにも通じるから、辞めずに続けてこられたのかもしれない。その境地になれなくてもいつかは慣れて楽になると信じてやってこられた。

もちろん「好きだから」「楽しいから」と、続けられた理由は人それぞれだと思うけれど、自分のように、仕事に向いていない、慣れないと悩み、うまくないと自虐し続けてもやってこられたのは、慣れることがなかったからだといまさらながら思う。

自然が持つ怖さをずっと怖いと思い続けてきたのも、心がいつも初心者だったからだ。裏を返せば、未知への好奇心さえ失わなければ、知らないことは常に限りなく現れてくる。そうすれば、飽きることなく楽しめるのではないだろうか。

そもそも女子校育ちなので、山とはあまりに無縁だった。当初、肉体を使う力自慢の荒々しい世界に踏み込んだと思っていたが、ある時自分が発した言葉でふと気がついた。

山は紛れもない文化だと。

植村直己《うえむらなおみ》さんの故郷である兵庫県豊岡《とよおか》市発で、4年に一度、日本冒険フォーラムというシンポジウムが、東京で行われていた。植村さんの冒険精神を受け継ぐ集いで、植村さんの笑顔の代わりにそこにいてほしいとの不思議な依頼をいただき、MCの助手のような立場で12年近く関わってきた。

冒険を、極地に行くという意味だけではなく広義にとらえて、あらゆる人生の冒険を扱い、それぞれの分野の専門家にパネリストになってもらって語り合った。私なりの立ち位置を探り、冒険の専門家と、それほど興味のない方との橋渡しになればと続けている大好きなフォーラムだった。

会の終わりにまとめのコメントを求められ、ふと出てきた言葉だった。

「山は自分でシナリオを書きながら登っている。出会う人、出会う自然を肌で感じ、目に入るすべてのものから受けることを紡いでひとつのストーリーを描きながら登る」

そんなようなことを語ったと記憶している。

そうだ、山は紛れもなく文化だったと、やっとすっきりと自分の胸に落ちた。

一見野蛮とも思える肉体を痛めつける行為と、そのことが人の心のうちにもたらす文化や芸術にも似た、湧き上がる感情、このふたつは結局同じことだった。30年。思えば時間がかかったものだ。

肉体への負荷も含めて、すべてが人の営みと切り離せない「文化」であった。よくスポーツ選手が「頭が悪いから運動しかしてこなかった」という言い方をする。また運動が得意な人に対しても、周囲がそういうふうに評価することもあるけれど、それは間違いだと思う。

山をやってみて、運動はすごく脳を使うものだということが身に染みてわかった。知性がなければ楽しむこともできないと身に染みて感じている。そこで活性化された新しい脳の領域から、また新しい関心が目覚めてくることもある。その刺激は思考に大いに影響を及ぼしている。運動能力の高い人への尊敬の念は前にも増して深まった。

そもそも「バカだから……」という言葉は、日本人の謙譲の精神が言わせたのかもしれない。

ちょっと前の時代に生まれた人間だから、自分を否定してしまう性格も、過度に身につけた謙譲の精神かもしれない。謙譲の美徳を求められていた時代に物心ついたからと言い訳したら怒られるかな？

あれがダメ、ここもできていないと自己否定するのが性分だとしても、内向きかと言われればそうでもなく、根暗かと聞かれてもそうでもない。昔はともかくいまはむしろ好奇心旺盛《おうせい》で、そこはおそらく母に似たと思う。

母は100歳を超えても生きることに後ろ向きにはならなかった。彼女こそまさに大和撫子《やまとなでしこ》かくあるべしという戦前の日本に生まれて育ってきた。それなのに、ある時から、そんな価値観をかなぐり捨てるように自由に生き出した。隠してきた本性が出たと娘は内心思っている。

「男女七歳にして席を同じうせず」、「三尺下がって師の影を踏まず」などと指導された時代。実際母は年若い叔父《おじ》（母親の末弟）と歩いていて警察官に怒られたと話していた。そんな時代を経て、後年は嘘のように女性の自由を満喫していた。だとしたら、長く生きた甲斐《かい》もあっただろう。

90代の後半には「せっかくだから100は見たいわね」と言い、99歳で海外に行き、実際に100歳の景色は見た。退屈させたら死んでしまうと周囲を不安にさせながら、最後まで楽しむことを諦《あきら》めずにいる姿は、そばで見ていて羨《うらや》ましいくらい前向きだった。

現在、顔も思考も母にやたら似てきた。これは年を取ったということかと残念に思うけれど、どうせ似てきているなら、その性格が今後強くなることを実は期待している。


そこに行きたいという思いがあれば行ってみる、やってみるという精神は、田部井淳子さんはじめ、いろいろな人から教えてもらい、いつの間にか身につけた。

山でなかなか自立できないと悩んだけれど、突き詰めるからこそひとりで南アルプスに向かう原動力になった。思い立ったおかげ、達成したおかげで、たくさんあったコンプレックスも払拭《ふっしょく》することができた。

それでも自分を卑下してしまうのは、資質もあるから完全になくなったわけではないけれど、回避の仕方を覚えて、コンプレックスを受け入れられるようになった。

仕事の融通の利かなさは最初からだし、その後親の介護が始まったり、自由とはほど遠い環境になっても、なんとか周囲の協力をあおいで折り合いをつけてきた。

やろうとするか、やらないと決めるかはすべて自分次第。肉体は知らぬ間に変化していて、昨日まで登れていた山に登れなくなっているかもしれないけれど、それもやってみなければわからない。実際に登ってみれば、変わっていないとわかったり、以前より進歩していることを確認できたりするものだ。

どんな状況でも、山に行けば毎回喜びを味わえたし、年齢によってすべてが衰えるわけではなく、進化していることもたくさんあった。


実際母の介護中、プライベートの山は行きにくくなっていたけれど、「仕事だから」と自分に言い訳すると、負い目は少し軽くなって、行く気になれた。言い訳は、後ろめたさを薄める意味でよかったし、回数は少なくても自分に還《かえ》る時間は介護を続ける上で重要だった。

そばで見ていてわかるのか、マネージャーも後押ししてくれた。田部井さんの誘いにも、日常の時間がより切迫するのを怖れてぐずぐずする私に、山など興味のないマネージャーが、「行け」と背中を押してくれたことがある。

そんななかでも、都合をつけて3000メートル峰にいくつも登った年もある。富士山に2回、燕岳から槍ヶ岳に向かうなど、2013年は、厳しい山に集中できた年だった。

加藤則芳さんを通じて親しくなった信越放送のディレクターが、声をかけてくれた。燕岳から槍ヶ岳を経由して、行き先を決めずにどこかまで行くという話だ。懐かしさと久しぶりに行ける嬉しさの両面で行くことを決めた。母への申し訳なさもあったけれど、ショートステイで我慢してもらって、久しぶりに充実した山歩きを楽しんだ。

たまたま大雨が続いた夏で、その隙間に偶然出会えた、貴重な晴れの1週間だった。

この年珍しい好天は素敵な経験を与えてくれた。テレビの撮影ではあったけれど、地元長野の放送局だから、全員山のエキスパートで構成されたスタッフだった。

登山家ではないから、テレビの時に知ったかぶりしてはいけないと思い、ガイドもお願いした。山を熟知する人々との行動は、ともに歩いて何のストレスもないのが嬉しかった。

メイク、スタイリストを連れて行く人もいるそうだが、山で汗もかかないのはおかしいので、丁重にお断りし、マネージャーもついていかなかった。というか、不慣れな人に気を取られて仕事に集中できないのは本末転倒と断った。

結局、燕岳～槍ヶ岳～大喰岳《おおばみ》～中岳～南岳と後半は3000メートル峰の頂上三昧《ざんまい》となった。

行きがまず、中房温泉から合戦尾根という23年前の初登山と同じルート。同じルートというのがポイントとなる。同じ山の同じ道を基準に、23年経った自分を測ることができて、そこから次々3000メートル峰を歩いた。この縦走が私にとって、40歳から23年経ったこの時の自分を測る山行になった。

嬉しくなる発見だった。山は自分を知るメジャーだと常々言っていたけれど、まさかこれほど実感できるとは思っていなかった。

頭で描いていた以上に元気で、体力の衰えはまったく感じなかった。

歳は間違いなく23歳重ねている。でも、楽しく登っているうちにあっという間に尾根に出た。あれ？あの目印の場所は？と思うとちゃんとそこは通っている。

要するに、初めての時と違って道がわかっているから、知らないうちにペース配分ができ、次に到着するまでのストレスはなく、「ああもう着いちゃった！」となる。そして、また向かうその先に心が先回りしていく、というカラクリだった。

もちろん、それで元気だ！万能だと、いい気になるということではない。23歳年を取ったことは間違いのない事実で、承知しているけれど、歳を重ねたことで、疲れを回避したり、楽しさに変える能力がついた。だから、疲れを感じなかったと分析する。疲れすらも力に変えられるようになった。これはとても自信につながった。

「できない」と自分の可能性を制限するのではなく田部井淳子流の、「やってみよう」と思える根拠となる気がした。

やはりなんでもやってみるのが一番だ。

還暦から歌手になる

基本的に数字に関心が薄いので、人を年齢で好きになることなどないから、はっきりは覚えていないけれど、知り合った時、田部井淳子さんはおそらく50代半ばだった。

仲良くなって数年後、還暦パーティーをやるから受付を手伝ってと言われた。

ファッションショーで表に出るよりパーティーの受付の方が私にはありがたかった。

仕事以外で人前に立つことが苦手なので、受付は意外に目立たないから淡々と仕事ができて助かった。

この日の会場は、広いレストランだったのに、思った以上に人が集まり満員電車のようにごった返していて、我々はとても中に入れそうもなかった。

いつものように親友の北村節子《きたむらせつこ》さんが司会をし、還暦パーティーは大盛況だった。

北村さんはエベレスト登頂時の女子登山隊最年少の隊員で、仕事は新聞記者。仕事柄か、司会などイベントごとの裁きが上手で、遊び心満載の楽しい進行をする人だ。彼女とは、私も何度もさまざまな場所で遊び、トレッキング協会の理事たちとの研修にも、外部から参加していた。

彼女の滑らかな司会進行で、盛り上がるだけ盛り上がった会場から聞こえる切れ切れの情報に、受付のところから耳をそば立てて聞いていた。

宴もたけなわ、ちょうど淳子さんがご挨拶《あいさつ》をしていたらしい。人の間を縫ってのぞいてみようとしても、満員電車のような場内の様子は背伸びをしてもまったく見えなくて、周辺の人のおしゃべりも止まらなかった。そんなざわめきにかき消されて、どんなご挨拶をされているのかもまったくわからなかった。

やがて誰かが、「え〜、歌手になるとか言っているよ」と言った。

へ〜、歌手ってどういうこと?と思ったが、周囲にいる誰もが、人づてに聞こえてきたこと以外はわからなかった。

実際何が話されたかを知ったのは、翌年のHAT－J通信の正月号でだった。そこに還暦祝いの詳細があり、会場で何が話されたかがすべて掲載されていて、やっとはっきりわかった。

確かに「歌手になる」と話していた。あれは本当だったのだ！　では、どのような歌手に？となると、どうしても、テレビのランキング番組などで歌う彼女の姿は想像がつかない。それ以外に何があるだろうか？　フォークソングとかロックバンドなら、自分たちで活動することもあるけれど、そんな青臭さもあまり似合わない。まあ、彼女流のサービス精神かもしれないなと、勝手に納得して忘れてしまった。しばらくして真相はわかり、おまけに、ちょいちょい巻き込まれる事態にもなった。

飛鳥の南極クルーズから帰って少し落ち着いた頃、母の介護もまだそれほど逼迫《ひっぱく》していなかったので、日常の世話をしながら、自分のメンテナンスのため、船で知り合った先生のチベット体操に通っていた。

その場所が当時の田部井事務所に近かったのでその話をすると、「私もやりたい」と田部井さんが言った。「そう言うけどいつも日本にいないじゃない」と返すと、「いまはいる」と言うので、それではと誘ってみたが、日本にいるというのになぜか連絡が取れなかった。

あれ？　日本にいるはずなのになぁ……、と思いながら、またまた忘れてしまった。

この日本にいるのに連絡がつかないというのが実は肝だった。いつの間にかお仲間で歌を習い、あろうことかコンサートを開く段取りになっていたのだ。だから忙しかった！と後でわかった。

そしてまた突然「あなた司会やってくれない？」と、いつものように電報のようなメールが届いた。びっくりして、「どういうこと!?」と返すと、次々に細切れの情報が届き、まとめると、どうも、歌を習い、コンサートをやるので、その会の司会をやってほしいとのことだった。

コンサートとは、歌を披露する会。そして初めてだけれど、お客様からお金をいただくと決めたのだという。当然、歌はうまくないから、食事はおいしいものを用意して、歌が終わってから食べていただくのだとか。

「だって、先に食事してもらったら帰っちゃうかもしれないじゃない？」

「食い逃げはダメ」。「歌は下手でもお料理は絶対おいしいから、逃さない」と、なんとも彼女らしく表現した。

いやはやびっくり仰天だった。

声が綺麗《きれい》で歌がうまいことは、エベレスト街道でよく知っていたから全然心配はない。

あの還暦パーティーで「歌手になる」と言っていたのは、ここにたどり着くのか……。

この人はどこまで実行力を発揮するのだろうか！と、驚くやら、呆《あき》れるやら、納得するやら、いくつもの感情が入り混じった。

でも素敵だ。こういうことを思う人は結構いると思う。だからこそ、ここ何十年と衰えることなくカラオケが街中にある。一時の人気はないとニュースでは見るけれど廃れてはいない。

古今東西、人はこぞって歌を歌いたいのだ。私だってそう思う。でもいろいろな感情が邪魔をして前に進めないものだ。そんなことは関係なくやってしまうのは、やろうとしたらできないことはないというのが彼女の信条だもの。だからやる！

一緒に歌う歌手の方々は、森の女性会議の面々だそう。

森の女性会議とは、田部井さんが設立した、仕事を持つ女性の山岳サークルで、私も、JUNKO TABEIブランドのファッションショーで面識のある人々で、山にも一緒に登ったことがある。

彼女たちの忘年会で、田部井さんが「シャンソンを習いたい」と言い出して、全員が「私も、私も！」となって、一気にここまで話が進んだと聞いた。歌を習いはじめるなら、どうせなら人に聞いてもらおうと、コンサート開催を目標と定めてから、おもむろに先生を探したのだとか。

この方たちは、ほぼ私と同世代もしくは少しだけ上で、高度成長の時代に成人して、まさに日本の成長とともにキャリアを重ねていった女性たちだった。

私もお会いするたびに彼女たちの人生をおもしろおかしく聞いていた。

会うたびに人生のチャプター（章）が変化して続きがいつも楽しみだった人。偶然人を介した知り合いだった人もいて、その人は結婚、介護を経て改めて勉強して弁護士になった。他にも有名ブランドでその会社を知らしめる立場を牽引《けんいん》してきた人もいた。皆さんガチガチ男社会の日本において、バリバリのキャリアウーマンとして人生を切り開いてきた、豊富な人生経験を持った人ばかりだった。

いざ習い出して誰もがびっくりしたのは、田部井さんの「私は、愛だの恋だのの歌は歌えない」という発言だったとか。

「いやいや、シャンソンは愛だ、恋だを歌う歌なのよ」とみんなで大笑いし、淳子さんだけは、そちらに寄らない曲を選ぶことになった。

この夜の会は、シャンソンの夕べである。

「～一度は歌ってみたかった～」という副題をつけて、「一夜限りだから許してね」の思いを込め、「だけど私たち怖いもの知らずだから……」と開き直って、「怖いもの知らずの女たち」と命名された。

個性豊かな出演者をどう紹介するのか、果たして私でつとまるのか。かなり荷の重い仕事と覚悟をした。

当日、楽屋となったホテルの一室で、支度に勤《いそ》しむ彼女たちに漂う高揚感は、舞台やテレビの収録現場でも経験したことのない空気だった。巻き込まれずに平常心でいることに必死でつとめたつもりだが、正直なところ彼女たちの迫力に押されっぱなしで飲み込まれていた。

慣れない司会で会はなんとか進み、トリを田部井さんがつとめた。シャンソンの会なのに、愛だ恋だの歌は歌えないという彼女が選んだのは、アメイジング・グレイス。透きとおる歌声の向こうには、壮大なヒマラヤの峰々が白く輝いているように見えた。

終わってみると大好評。誰もの心を後押しするあたたかい雰囲気がただよい、言葉に表せない感動が会場を満たしていた。歌がうまいとか、うまくないとかはどうでもいい、やりたいと思ったことはやればいいんだと。

「今宵《こよい》限りの」と、ご本人たちも何度も言っていた。それなのに、誰からともなく、あちこちから、「一度なんて言わないでまたやって欲しいわね」という声が上がった。終わってホッとし、会場でお客様の様子を見ながら歩いていた私も同感だった。

こんなに聞く人を幸せにする会なら、歌がうまいとかうまくないなど本当に関係ない。この時まだ本気で、「今宵限り、1回限りだからいいのよ〜」と言っていた淳子さんに、「でもお客様はみんな、また聴きたいって言ってたわよ」と、ぐっとひと押しした。

そして、やはり続きがあった。それも2回、3回と続き、そこまでは私も参加した。2回目からはもうひとり仲間が増え、その後吉永《よしなが》みち子さんが加わって、会の様子を書いた本も出版された。

この会は、歌いたいと言い出した田部井さんが火付け役となり、賛同したみんなの勢いが力となってコンサートの実現まで持っていった。そして途中から彼女は受け身に転じたようだった。仲間の熱い思いをまとめるシンボルとして、少し俯瞰《ふかん》する位置から、かつがれた立場を楽しんでいるというふうに私には見えた。

ただ、これだけの人を巻き込んで実現してしまう行動力は、当然ながら人の心を大きく動かす。

人は生きている限り夢を追い求めていけると誰もが思えたコンサートだった。怖いもの知らずの女たちの皆様には怒られるかもしれない。もちろん、皆さんの歌をうまいとか下手とか言うわけではない。上手、下手に関係なく、とにかく、ただただ素敵だった。皆さんはそれぞれが持つ背景を十分に表現して演じきった。芝居を仕事にする私にはとてもできないと尻尾《しっぽ》を巻くほど、表現力を込めて歌いチャーミングだった。

私も聴衆として心から幸せを味わったひとりである。あんな幸せな雰囲気は、なかなか他のコンサートでも味わったことがなかった。プロのパフォーマンスで感じる幸福感とはまた違ってあたたかく流れる言葉にできない何か。もしかしたら、プロの歌にはあの幸福感はないのかもしれないと思った。

いまエンターテインメントは一般に浸透し、表現する人のフィールドも広がっていて、プロとアマチュアの差も縮まっている。けれど、それを生業《なりわい》にする人が出せないエネルギーを、時に素人と呼ばれる人が発揮するものだ。

この会もそういう力を持つものだった。だからこそ、日本の各所から声がかかり、歌う機会が与えられた。そこに集う、一定年齢以上の女性たちの心を、彼女たちの歌声が満たしてきたことは間違いがない。

最終的に10年で12回、震災復興の応援や、富士山に登る高校生の支援のために各地を訪ねて歌い、怖いもの知らずの女たちは全国を回る大きな活動になった。

全国に回り出してちょっと抜けていた私だが、再び田部井さんに言われて長崎での会に参加した。その会は、県各地に支部を持つような組織だったが、後日その主催者に偶然お会いする機会があった。

主催の女性は、「あの後、みんなが盛り上がって『私たちもああいう会をやりたい』と、各支部から希望があがって、整理するのに大変だった」と笑っていた。

その後の動きは聞いていないけれど、自分たちもやりたいと思ったらやれば良いのだと勇気づけられたのだろう。12か所訪ねた日本中のどこかでも、きっと同じような夢が花開いたのではないだろうか。それはとても素敵なことだと思う。

淳子さんの歌の向こうにはいつも広く青い空が見えた。青い空に突き立つ真っ白なヒマラヤの峰々。きっと聞いた皆さんの胸にもその画像は届いているだろう。

自分が理解していないことはお客様にも届かない。見えていない景色を思い浮かべることはできないとよくいわれる。我々俳優も常にそこをイメージするように心がけているが、自分に見えない景色は、当然だが、見てくださる人の心に届くわけがない。

やはり人は、思い描く世界を抽象的なものに変えて人に届けることができるのだと思う。それが音楽家、画家などと同じく俳優にも課せられた役割なのではないだろうか。

長崎の公演会場に、大きな箱が届き、うやうやしく取り出されたのは、腰がふわっと膨らんで、白雪姫かシンデレラかと見まごう裾《すそ》の広がったドレスだった。

南極クルーズに行った時、客船のフォーマルに悩み、怖いもの知らずのお仲間に相談した淳子さん。この時、フォーマルの秘訣《ひけつ》は〝光る、透ける、開ける〟と教えたのは「怖いもの知らずの女たち」のメンバーだった。

あの時はみんなから借り集めたフォーマルドレスだったが、華やかなドレスを着ることも楽しみに変わり、コンサートではドレスを新調するまでになっていた。

飛鳥の時は、編み上げ風に透けるスエードの靴をドレスの裾に隠していたのに、その後、コンサートやパーティーの機会が増えたためか、新しい靴を作ってもらった。

今度はエナメルの登山靴だ。

チラッとドレスの裾から靴が見えたりする。彼女の周りには、ついにやけてしまうような、お茶目でかわいい出来事が次々に起こった。

田部井さんと行った最後の山

田部井さんが亡くなって7年。それは母が逝って同じだけの年月が経ったということでもある。田部井淳子さんと母、どこか似たところがあったふたりが、２０１６年の秋の同じ月に私のそばからいなくなってしまった。

その前年の夏。ずっと体調は思わしくないようだが、普段のままに忙しくしている淳子さんから、「東北の山なんだけど、行かない?」という誘いがあった。「普段なかなか行けない山なんだけど、地元の山岳会のサポートがあるから、一緒にどう?」と言われた。

東北の山は大好きだし、すごく行きたい。ちょっと仕事が立て込んでいる時期なのに、それにしてはお誂《あつら》え向きにその数日だけは空いていた。おまけに母もちょうどショートステイのタイミングだった。本当ならふたつ返事で行くところである。

山は好きだけど、実は早起きはとても苦手で、どうしようかなと思った。もちろん仕事でとんでもなく早く起きることもかなりの頻度であるし、介護が始まってからは朝寝坊なんて夢のまた夢となっていた。

だから余計に、ここで、この期間ピッタリ山に行ってしまうと、帰ってからがまた寝られない日々となり、辛《つら》いかもしれないと珍しく躊躇《ちゅうちょ》していた。睡眠不足は辛くて、「行きたい」、「でも、行くと大変すぎるかも……」、とぐだぐだ悩む私に、当時の若いマネージャーがピシッと一言。

「行ってきてください。ここを逃すと当分山へは行けませんから」

いきなり背中を押されて、

「わかりました。そうします」という感じに押し出された。

ただこの時少しだけこの山を舐《な》めていた。大変さは高さではないと十分承知していたのに、つい、「標高1350メートルだから、まあそんなに大変じゃないだろう……」、「だったら少し頑張れば、多少の寝不足もなんとかなるかな……」、と。

この山は、山形県と秋田県の県境、栗駒《くりこま》山系の西のはずれに位置する神室《かむろ》連峰にある神室山という山。主峰は神室山だが最高峰は小又山《こまたやま》という。小屋は神室山避難小屋しかなく、水も残雪だのみだそうだ。それもすでにとけていて、かなり下まで下りないと調達できないとの前情報があった。

やや困難な場所であることが行きにくさに拍車をかけているのだが、そこを地元の山岳会の方々が応援してくださるというありがたいお話だった。だから行けた。本当に、地元の山岳会の親切な申し出に支えられた山だった。

登山口に着いても、防寒着一枚と水一本を天秤《てんびん》にかけ、真剣に悩んでどちらを取るかの賭《か》けに出るといった東京組だった。水は大切だし、寒さも季節と緯度とを絡め合わせて考えないといけない。でも、なにぶん判断基準もなく難しい。熟考の末置いてきた水一本を、最後の長い長い歩きの間にどれだけ後悔したか……。

反対に防寒着はほとんど必要なかった。人が多かったから避難小屋の中も暖かく、いつもの東北の山のイメージよりずっと気温も高かった。これも、その年によって違い、着いてみなければわからない面も多く、当日の判断でしかない。無駄を承知で「持つ」か、「賭け」に出るかのどちらかになる。心配性でたくさん持てば、長い歩きでバテるのも必定だ。

そして小屋での楽しい宴《うたげ》の翌日、長い長い下山路で皆軽く脱水症状になり、歩きが遅くなる人、足がつる人続出だった。長い林を抜け河原に出て、やっとたくさんの水を見てホッと一息ついたものだ。

高くはないけれど、南アルプスの3000メートル峰縦走にも匹敵する質と量で、呆れるほど壮大な山の存在感と見渡す空間の広さを味わった。また絶対に舐めてはならない山と思い知った。

でも、本当に行ってよかった。田部井さんが言うように、標高は高くないけれど、なかなか行きにくいところにあり、だからこそ自然が豊かで、ほとんど人工物の見えない景観は圧巻だった。何よりも贅沢で、ひたすら心が豊かになる幸せな山だった。

いつも田部井さんのご主人が半ば呆れ気味に言っていたが、淳子さんはとにかく友人を作る天才だった。この山行も、仕事がらみで行ったどこかの山で知り合った方と、いつか行きたいと思っていたという話から実現したものだ。

その方の所属する山岳会のメンバーが、トレイル・エンジェルさながらに私たちのために、大量の食材と調理用の水を避難小屋に上げてくれていた。そのおかげで、何もない山中で豪華な夕食にありつけ、なんとも楽しい時間を過ごすことができた。逆にいえば、この方たちがいなかったら実現できていない山だった。

そして皆さんは翌朝食事を済ませると麓《ふもと》の町に下山していった。楽しく語らったけれど、お顔すら覚えきれないうちに、まるで天使のようにそっといなくなっていた。

そしてこれが淳子さんと行った最後の山になってしまった。


この時から1年とちょっとたったある日、手元のモバイル端末にポンと飛び込むように、「田部井淳子さん逝去」のニュースが浮かび上がった。

ああ、遅かった……、やはり連絡すればよかった……。

後悔しても遅い。つい4ヶ月ほど前、「怖いもの知らずの女たち」の佐渡《さど》でのコンサートを手伝ったばかりなのに。

2016年の秋の初め、この訃報の数日前、母が100歳で永眠し、病と闘う彼女に知らせるべきかを悩んだ。それでも、長いことお世話になり、親身に思いをかけてくれた母の死を知らせないのはやはり違うと思い直し、いつものメールに連絡をした。

すぐに返って来た返事が、実はどうにも気になった。でも、誰かに聞くのも恐ろしく思い悩むばかりで状況を読めずにいた。

病気になってからもいつも元気で、周囲に心配をかけまいとしていることがわかっていたから、元気じゃないところを見せたくないだろうと思っていた。

でも、メールの文面は、来いと言っているようにも思えた。真意をはかりきれず、見舞いに行っていいのか、行かない方がいいのか悩んでいるうちに、ニュースを見てしまった。

思い返せばエベレスト登頂40周年のお祝いをやった時に、「これでみんなにお礼が言えた。安心したわ」、というつぶやきを耳にした。

「素敵な会でよかったね」と笑って返したが、複雑だった。

来席の皆様を気遣って会場中を歩く彼女の姿を、ただ遠くから見つめた。「この人は50周年にはいないと言っているのか……」

思えば田部井淳子さんとは長いお付き合いになった。母のことをとても気にしてくれて、私抜きでもずいぶんいろいろなところに連れて行ってくれた。

まったく違う人生を生きたはずなのに、どこか似ているふたりだった。

母は若い頃は日本の典型的な母のふりをしていた。ふりではないと怒られるかもしれないけれど、少なくとも幼い娘からは、そう見えていた。でも晩年から振り返ると、戦前戦後の世の中を生き抜く術《すべ》として身につけた後付けの人格だったのかもしれない。

大正生まれにしてはなのか、大正生まれだからなのかはわからないが、根本的なところでやたら自由な人間だったので、田部井さんから見ても、母のやることはおもしろかったのだろう。

先を行く女性が自由であることは、田部井淳子さんが目指した女性の姿であり、後押しするべき対象だったのかもしれない。

そのふたりが、同じ年の同じ月にこの世を去ってしまった。

もうひとり大切な友人が、この4年後、コロナ禍に病気で亡くなった。田部井さんと同じ年代の先輩で、田部井さんと面識もあった。

年齢は上だろうと下だろうと、長い年月、歴史を重ねた友人を失うのは本当に辛い。おまけに年上の友人というのは、とても貴重な存在で、自分の知らないことをたくさん教えてくれる人なのだ。これから友人を増やすことはできなくないかもしれないけれど、自分より年上の友人を増やしていくのはちょっと難しい。

先輩たち、女性の真の解放を、スローガンではなく背中で見せつけてくれた人が続けて旅立ってしまい、道標を失ってどうすればいいのかと立ちすくんでしまう。

田部井淳子さんが私の母を愛してくれたのは、もしかしたらいまの私のような心境だったのかもしれない。お母様は、兄弟が多いためか、彼女の年齢からしたら高齢でいらした。でも90過ぎてもお元気にお孫さんの結婚式に出席されていた。

大正生まれの特性を発揮してお転婆な生き方をした母を愛してくれた田部井さん。そういえば淳子さんは山岳会の先輩もとても大事にしていた。

森の女性会議では、働く女性を応援し、やがて後半には、若い女性の山歩きを応援したいとＭＪリンクを立ち上げた。年代に関係なく女性全般を後押ししてくれたのだ。世の中は一見女性がとても強くなったように見えているけれど、社会はまだまだ男性中心に回っていて、真の意味で自立できているかはかなり疑わしい。そこを女性の側から動かしていきたいと、行動で示していたように思う。

私はそういう人たちの踏み跡をたどりながら歩いてきたような気がする。

歩く人たちが道をつなぐ

みちのく潮風トレイルが開通した。加藤則芳さんが尽力したこの道は、復興支援の関係者や山好きには認識されているけれど、一般の方々にはまだまだ知名度は低いと感じている。彼の悲願を後世に残すためにはどうしたらいいのか。まったく無力ながらいつも考えている。

私にできることなど本当に少ない。山はプロではないから立ち位置が難しく、俳優としても、やはり大した力はない。それでも、人があまり注目しない、素晴らしいものを後の世に伝えていかなくてはと、つい手を出したくなる。

おそらくこれからやっていくべき仕事はこの辺りになるのではないかと思っている。仕事と言っても、生きるための仕事ではなく、役割としての仕事という意味だ。役割がある限り、人の役に立てるように自分を磨いていきたい。それが目立たない分野を支えるためならむしろ私らしい。

みちのく潮風トレイルには、これまでに3回、節目の時に関わりを持たせてもらった。まず最初は、トレイル作りの事業開始を記念したシンポジウムの場で、青森出身のデュオの楽曲とともに詩を読むという依頼。そもそも当時同じ会社に所属していたデュオにきた依頼で、ついでに私もというような経緯だったと記憶している。

中身を聞いてみると、加藤さんが思いをかけた道の、これから事業を開始しますという会だった。当然お手伝いしたいと、声をかけられた偶然を喜んだ。

しばらくしてから、シンポジウムへの参加も求められた。

シンポジウムには、基調講演にシェルパ斉藤氏、加藤さんの奥様が名代として、彼の足跡を話し、その後に、環境省の当時の責任者と、若いレンジャー、シェルパ斉藤さん、私でシンポジウムを進めるというものだった。

本当にご縁としか思えない。経緯は共有していたし、加藤さんの支えとして頑張ってくれた省の責任者の方も、若いレンジャーの話も聞いている。その人たちと話せることと、以前の出版記念パーティーで、「加藤さんの思いを自分が」と熱く語った斉藤さんの存在も心強かった。

いま実際できているかといえば、いささか心もとないが、斉藤さんや、加藤さんの弟さん、加藤正芳《まさよし》さんが頑張っている。思い続ければ、いつか道は開けると、加藤さんが示してくれた。だから、たとえ無力でも、思いだけは持ち続けよう。

そして、その後2回も、みちのく潮風トレイルのイベントに声をかけてもらった。細々ながら、自分の出せる力でつなげている。

2回目が部分開業の時、3回目は一番大切な開通記念イベントだった。

みちのく潮風トレイル開通記念イベントは、仙台《せんだい》市の隣、名取《なとり》市で行われた。名取市には、トレイルの象徴、サテライトの中心でもある名取トレイルセンターがあり、そこで行う開業記念イベントには、当時の環境大臣も臨席した。

全線をつなぐ自治体と、セクションの要所の施設関係者が集まり、舞台上で、全員が手をつないで全線開通を祝った。想いがあふれる、あたたかくていい儀式だった。

加藤さんとトレッキング協会の理事たちが研修で行った時に、炎を囲んで熱く語った木村宏さんも、このイベントの主要メンバーで、シンポジウムの進行役を担った。

長く信越トレイルの責任者だった木村さんは、当初、なべくら高原・森の家の支配人をしていた時に、ふらりと現れた加藤さんと知り合い、地元の立場からサポートするうちに、信越トレイルを作る側の担い手になった。そしていまは、北海道で大学教授として若者にトレイル文化を教えている。加藤さんと出会い、大きく人生が変わった人だ。開通儀式の後、加藤さんの足跡を短くまとめた映像を流し、私は、彼の残したことを伝える役割として少しだけ話した。

この映像を作ってくれたのは、燕岳からの3000メートル峰縦走を一緒に行ったテレビ局のディレクターだ。加藤さんの足跡を伝えていくためにも何かを残したいと、彼女と私の思いが一致して、彼のドキュメントを作ってくれた。

彼の歩みさえ伝われば、役割は果たせたも同然。足りないところを埋めるように、加藤さんとの出会いや、彼の自然への情熱について話をした。

長い1日だったが、関係者の皆さんが時間をかけてつないできた、それぞれの人の思いあふれる素敵なイベントで、この場に声をかけてもらえたことが心から嬉しかった。

ごく最近また、八戸市から、講演をと声をかけられた。それは、この時のイベントがご縁だったと聞いた。

八戸市から相馬市まで続く長い道。みちのく潮風トレイルは、当初800キロメートルの予定が実際は1000キロメートルにもなった。その北の起点である八戸市。

こうやってまた少しでもつないでいけることが嬉しかった。
道は人が利用しなくなったら、すぐに草ぼうぼうになり、痕跡《こんせき》がなくなってしまう。定期的に関わりを続けていつまでも愛される道であってほしい。

田部井淳子さんや加藤則芳さんが伝えてきたこと、伝え続けたかったことを、ふたりを知り、残されたものとして伝えていくことを目標としたい。

人は、その人を知る人がいなくなった時に真の意味での死を迎えるという。おふたりがやってきたことを、少しでも人から人へ渡していけたらと思う。

時代は進み、止まることは絶対にない。ただ進んでいく一方ではあっても、人間には、数字や記号に置き換えられない、心という厄介な、でも大切なものがある。

心が豊かと感じられなかったら、金銭的にどんなに恵まれても、人は満たされない。

コロナが広まり始めた年、ミルフォード・トラックを歩いて、大満足で帰った。

それなのに、帰国してすぐ、突然外に出てはいけないような事態となって、家にこもることになった。それは、誰もが初めてする経験だった。

罹患者《りかん》のグラフがすごい勢いで上を向き続けた日々を、水底でじっと息を詰めているように過ごした。

やっとグラフが少しずつ下を向きはじめた頃。

感染症も落ち着くかと期待された2020年の秋、春の緊急事態宣言から止まっていた劇場が、ゆっくりではありながら動き出した。

そんな時期、観劇仲間でもある友人に誘われて、コンサートに行くことにした。

私もまだそんな気になれないのが正直なところだったが、行ってみようと思った。他の人もみんな、怖々ながら、それなりの覚悟をして会場に集まった。

その頃はまだ、劇場は、収容人数の半分までと制限され、完売だとしても埋まる席は半分。最前列から振り向くと、ひとりおきに座るシートは赤い座面が透けて見えていた。

舞台からはほとんど真っ赤に見えるはずだ。

「歌う人がガラガラと感じたら嫌だな……」「彼に淋しい思いをさせたくない」と思った。

息をする間も惜しんで聴いた。

その日の主役が歌い終えると、場内に万雷の拍手が鳴り響いた。私もすでに涙でぐしゃぐしゃになりながら、必死で拍手をしていた。

音だけ聞いていたら、いつもの3倍は人がいるのでは、と思うほどの勢いがあり、その音は、会場の全員が「絶対にあなたをひとりぼっちにしないから」と言っているようだった。

舞台と客席の思いがひとつになった。その空気が痛いほど伝わってきたことに驚いてそっと振り返ると、客席の人々は、涙をいっぱい溜《た》めた笑顔で、手をたたき、「やってくれてありがとう」と精一杯の感謝を送っていた。

歌ってくれたその日の主役は、最後に「こんな時期にコンサートをやっていいものかと悩んだ」と、数ヶ月ぶりに舞台に立った思いを話しはじめた。

「それよりも、本当にこの仕事を続けていていいのかと悩んだ」と、コロナ禍で舞台が中止になった間に考えたことも話してくれた。

コロナは怖かった。でも、人が優しさを忘れたり、自分自身も心の栄養が枯渇する方がもっと怖かった。

社会は優しくない言葉が飛び交っていて、心がざらざらする毎日だった。だからこそ一層、思いやりにあふれたこの場にいられたことが、幸せだった。

「やってくれてありがとう」、「きてくれてありがとう」という感謝の思いが、波のように流れて、まるで目に見えるようだった。

何かのパフォーマンスをやること、送られてきた思いを受け止めること。このことと、山に登ったり、道を歩くことはなんの関係もないように思われるだろう。

与えられる感動を受けて、個々の内面で広がる喜びは、どちらも同じとずっと言い続けているが、ともに過ごす空間も、その場にいる一人ひとりが作り上げるという意味で、同じだと考えるようになった。

山も、たとえひとりで登っていても、行きかう誰かと自然に思いを分かち合っている。「あとちょっとよ、頑張って」とか、「あそこにお花が咲いている」とか、「その上で休めるからね！」とか、都会ではかわさなくなった会話が自然に行われる。

毎回「こんにちは！」と言われて戸惑う人もいるかもしれないけれど、私は最初から、元気な挨拶が心地よかった。

トレイルで、疲れ切って足を引きずっていても、見知らぬ人に、「疲れますよねぇ？」と声かけられるだけで元気になったりするものだ。

当たり前の、何気ない会話が温かくて嬉しい。

山の中でも、道でも、小屋でも、ともに心地よいその場を作る仲間であって、生の演劇や音楽会で、舞台上と客席とでかわされる気の流れ、思いの応酬と、ともに作るという意味で似たものを感じる。

私は介護の時期を経て、以前と比べたら山に行く頻度はかなり減っている。それは自分を取り巻く環境の変化であって、山をやめたわけではない。人生にはいろいろなステージがあるから、そこに抵抗しないでそれに沿った暮らしをしているだけのことだ。

介護で山に行きにくくなった頃にどうしても自分の体が健全でない時期があり、それに伴って心も危うい時期があった。もちろん主な原因は介護だったが、それはいつ終わるともわからないので仕方がなかった。

赤ちゃんの世話と違い、老人介護は終わった時はほとんどが別れなので、二重に辛い精神状態になった。

その時救われたのが、筋トレだった。

行き詰まった自分を立て直すには、体をなんとかしなければならなかった。

そのためにまず筋トレをしようと思い立ったのに、どういうわけか社交ダンスをやることになった。たまたま茶飲み話で近況を伝えた友人の勧めだった。

その、もうひとりの友人に触れたい。その人は詩人だった。堤江実《つつみえみ》さんといって、アナウンサーから実業家を経て詩人となり、その詩を自分の声で伝えることを長年やってきた。詩や絵本、環境問題の著書がある。

毎年続けてきたポエム・コンサートの終わりの挨拶で「咲ききる」と晴れやかに宣言したのは2018年のことだった。田部井さんと同年代、私より10歳ほど上の彼女は、元気に咲き続け、花として咲ききると会場の誰もが思った。

それなのにたった2年でふっといなくなってしまった。コロナ禍の初期、会うのも難しい頃に体調を崩し、想像もしない早さで逝ってしまった。

彼女の優しい声と、丁寧に作られたあたたかみのあるコンサートが大好きだった。田部井さんの「怖いもの知らずの女たち」と、趣は違ってもその場に広がるあたたかさは同質だった。

声の温もりや、人の手触りなどは、人間にとって本能に近いところに訴えかける大切な刺激だと思っている。優しい声をかける、手で温める。それによって癒《いや》されることはとても多い。コンサートはそんな穏やかな言葉と音楽のセッションの場だった。

そしてなぜか私は、彼女のおかげで社交ダンスを習うことになった。運動のために勧められたと思っていたが、彼女が亡くなって少し経った時、それは、ダンス好きの詩人が私のために描いた道筋だとわかった。

私は「筋トレをしたい」と言ったのに、連れられて行ったのはダンス教室だった。久しぶりに体を動かすので、優雅なダンスは見るとやるとは大違いとわかり、母がデイサービスに行っている短い時間を利用して通うことになった。はじめると突き詰める癖のある私は、足りない筋肉を補うために他の運動もやることになり、登山にはまった時と同じように次々関連する別の扉を開くことになった。

やがて鍛えることは楽しみに変わり、心も軽くなった。実際ダンスはとても楽しかった。そのおかげで、介護中の悩みもかわすことができた。

筋トレをするなら楽しみながらできる運動をやれという意味だったようだ。

時間配分をどうしたのか、もう思い出すことも難しいけれど、多くの人の助けを借りて、介護と仕事、肉体のメンテナンスと、いくつかのことをバランスを取ってやっていくよう心がけた。いや、心がけられるようになった。

母の人生を寂しい老人で終わらせたくないという思いと、親を見送った後に自分が立っていられる場所を確保することのどちらも大切だった。決して楽なことではなかったが、たくさんの人の支えで、なんとかやることができた。

その間、登山からはしばらく離れるしかなかった。山に行くならできるだけ長く入っていたい人間なので、さすがにあの時期長く家を離れることは難しかった。その代わりをダンスのレッスンが埋めてくれた。それは彼女の思惑通りだった。

足裏で聞く枯れ葉の音

良枝は将来何になりたいの？

ニュージーランドで、半年間短期滞在の学生をしていた学校の先生方の問いかけだった。当時45歳の私に、おそらく年下であろう先生たちからこんな問いをかけられ、一瞬意味が理解できなかった。

彼らは日本人生徒をたくさん扱ってきたから、日本の現状にかなり詳しかった。当時、私が俳優として一応生活に困らない程度に仕事をしていることも知っていた。それなのにかけられたこの言葉に私はやや当惑した。

でも真剣に考えれば、食べられていればいいという問題ではなく、本質を突く問いだった。彼らはほとんどが、それなりのキャリアを捨てて、現在の外国人に英語を教える仕事を選んでいた。給料は半減したと言っている人もいたが、楽しそうだった。

通っていたのは、ニュージーランドの最大都市、海外への玄関口にあたるオークランドから車で2時間半くらい離れた、人口3000人の海辺の小さな町に建つ、それは可愛らしい学校だった。

校長は元会計士。教えるのは個性的な先生ばかりで、北欧の大学で心理学の教授だったドイツ人の先生もいた。放浪の末、カタマラン（双胴船）でたどり着いたこの場所に、船を停泊させたまま先生になった人も素敵だった。生まれた国も国籍もそれぞれで、転職も移住も自由な彼らからしたら、当然とも言える質問なのだ。

日本ではほとんどこういうふうには考えないけれど、人はいくつになっても、どんな立場であっても、将来どうありたいかを考えていいのだと気がつき、素直に嬉しかった。

この質問はその後の私に大きな影響を残した。

前述の詩人堤江実さんも会うたびに、「市毛良枝はどうありたいの？」と聞いてきた。どういう人間でありたいのかと同時に、俳優としてどうありたいのかと聞かれ続けた。その都度、真剣にどうありたいかを考えた。

そこで浮かんだのは、幼い頃から言われ続けた父の言葉だ。父は小さな子どもに向かって、常に「品よく生きろ」と言った。それはおそらく、上品ぶるという意味ではないと幼いながらに理解した。人を騙《だま》したり、見栄《みえ》を張ったり、金銭に汚い人間になるなというふうに解釈してきた。そういうことを徹底して嫌った、決して器用に生きたわけではない父の姿からそう感じ、自分もそうありたいと心がけている。

彼女はもう少し具体的に、どういう人間であろうとするのか？どういう俳優でありたいのか？と優しい口調で核心に触れてきた。

彼女なりに、現状に対して思うところがあったのかもしれないが、あなたはそれでいいのか？と言葉だけでなく問われ続けた。だから新しいことをやろうとするととても喜んでくれた。背筋の伸びる思いでいつもありがたく承った。

堤江実さんは、書いた詩を自分の声で伝えるポエム・コンサートを長年続けてきた。彼女の声に癒しを求めて毎年たくさんの人が集まった。人の声が聞き手に与える安らぎと、詩というシンプルな文章が伝える情報量の多さを知らしめてくれた人だった。

田部井淳子さんも、たまにしかやらない私の舞台を見にきてくれて、「生はやっぱりいいよ。生の迫力は全然違う。もっとどんどんやってよ」と言ってくれた。その後もずっと「生の舞台やってよ」と言われ続けた。彼女の言葉は、もう少し対象を広げて人と共有して作り上げる何かを生でやってという意味だった。

舞台は人前に出ることが苦手なのでやや避けてきた。見るのは好きでも出るのは苦手と言い続けてきたけれど、観客とともに作る場は奇跡のような時空間だ。

田部井さんの無茶振りで手伝ったコンサートも、結局その道筋を示してくれたことになる。気がつけば、似たようなことを仕事とするようになっていった。

田部井さんが「怖いもの知らずの女たち」のコンサートを、長崎の翌年、佐渡でもやることになり、「朗読をして」と頼まれた。

その時読もうと思ったある一通の手紙がある。その手紙が縁で、のちにいろいろなことがつながっていった。音楽とともに、詩や絵本、短編の物語などを朗読する機会が増えていき、とうとう、チャリティーではあったけれど、アメリカのオレゴン州で朗読することになった。

アメリカのコンサートでは、日本語で詩を読んだのに、英語しか話さないアメリカ人が泣いてくれた。啜《すす》り泣きが聞こえてきた時、読んでいる私は「なぜ?」とうろたえるほど驚いた。もちろんふたりの音楽家の名演奏とクラシックの名曲あってのことだが、言葉に思いを込めれば、伝わると知ることができ、経験したことのない感動に包まれた。

これはなんとも幸せな体験だった。生の演劇や音楽会は、ひとつの空間を、その場に集まるすべての人が共有して作り上げるということだ。その会が行われた音楽堂は緑濃い森に囲まれた木造りの美しい建物で、オレゴン州の各地から、年代も国籍も人種もバラバラな人が集い、ひとつの空間を共有できた。

私が俳優になったのは、こういうことがしたかったからかもしれない。

そして、2022年、7年ぶりに演劇に出演することになった。7年前も20年ほどのブランクがあっての出演だったので、人前で演じることへの不安は大きかった。そこからまた時を経て、歳も重ねて、不安は恐怖になった。セリフは覚えられるのか、自分の演技が舞台で受け入れられるのかすごく怖かった。やるべきか、やらざるべきか、かなり悩んだが、さまざまな縁があって断るべきではないと、受ける決心をした。

その演劇は、岐阜県可児《かに》市に長期滞在して芝居を作り上げ、可児市で公演してから、東京や全国各地でも披露するというものだった。

このきっかけが、無関係にも思える田部井さんのコンサートで読んだ手紙だった。私がそもそもその手紙の存在を知ったのは、東日本大震災復興のボランティアで行った南相馬市で渡された一枚のプリントからだった。

ボランティアで、日赤が運営する健康相談室に通っていた時、被災地から移住していた利用者の集まりで朗読の話をした。その流れで何かを読んでと望まれて、そこで渡されて読んだプリントに感動し、それが何なのかがとても気になった。

家に帰って調べると、プリントの文章は、20年以上前に秋田県山本郡（現・能代《のしろ》市）二ツ井《ふたつい》町で10年ほど続いた恋文コンテストの、第1回の最優秀作品の手紙だとわかった。若くして夫を戦争で亡くした女性が、その夫への思いを書いた手紙は、詩のように美しい日本語で綴られていて、作者は偶然母と同年生まれだった。この時代の人の言葉は本当に上品で美しいと、その頃の地方文化や教育の豊かさにも想像が広がった。

田部井さんから頼まれたコンサート、佐渡での「怖いもの知らずの女たち」では、この手紙を読みたいと思った。そのために著作権の許可が必要となり、コンテストを主催した二ツ井町役場に電話をし、能代市との縁ができた。そして、このコンテストの恋文をテーマにした朗読公演が、岐阜県可児市で続けられていることを知った。

2018年、二ツ井町からの紹介でこの朗読公演に出演することになった。やがてそれが、2022年の可児市で作る、私にとって7年ぶりとなる演劇に結びついたのだ。

相馬、佐渡、二ツ井、可児と、やたら遠回りする長い物語で恐縮だが、これが、ずっとためらっていた演劇をやると覚悟する理由のひとつだった。こんなことがなければ、もう演劇の舞台には立たなかったかもしれない。

そして、ここからまた新しい物語が動きはじめた。

コンサートの司会や、詩や手紙を読む機会を作り、生の舞台をやれと言い続けてくれた田部井さん。言葉を声で伝える姿を見せつつ、「やりたいものを形にしろ」と後押ししてくれた堤江実さん。ふたりの先輩は、言葉だけではなく、日常の振る舞いから、心の底から行きたいと思う道を進めと示してくれた。


年齢を気にしないと言っても、60歳を越える頃から別れは格段に増えた。加藤さんを送り、他にもたくさんの友人たち、田部井さんや母とも別れ、そしてコロナ禍と重なって堤さんも旅立ってしまった。時を重ねて親しんできた、いつも気にかけてくれた人々がいなくなった。それは感染症への不安以上に私の心を圧迫した。

そんな寂しさを抱えながら、コロナ感染症という新しい不安をどう回避すべきか、必死に情報を集めるうちに、毎日見聞きするコロナの情報に心は一層疲れ切った。特にあの禍々《まがまが》しいコロナウイルスの画像が辛くて、テレビを見るのが苦しくなった。

その時に手に取ったのは、子どもの頃に読んだ、誰もが知っている少女小説だった。

このシンプルで優しい物語にどれほど癒されたことか！

そこから、手持ちの古い少年少女用の本を本棚の奥から引っ張りだし、『あしながおじさん』『長くつ下のピッピ』『若草物語』『やかまし村の子どもたち』などを手当たり次第に読んだ。一気に続けて読むと、時代は変わっても、社会の問題はほとんど変わってはいないことがよくわかった。少女用の本と同じ理由で、古い洋画とクラシック音楽に限って選んでは浸り、おかげで疲れきった心が癒されていった。

その時読んだ少女小説をまとめて語る本を本棚から見つけた。生命誌研究の第一人者、中村桂子《なかむらけいこ》さんの著書『「ふつうのおんなの子」のちから』という可愛らしい本だ。

桂子先生も私の尊敬する先輩で私の大切な友人である。

少し前にいただいて、この辛い時期に改めてこの本を手に取った。

偶然とはいえ、桂子先生が『「ふつうのおんなの子」のちから』に取り上げた、先生が少女時代に読んだという本たちと、この時期私が読んだ本がほとんど重なった。

『「ふつうのおんなの子」のちから』でいう、女の子の力とは、私たちが少女期に読んだたくさんの主人公たちが、ごく普通に生きる姿のことだ。それぞれに、時代や社会的な背景は違うけれど、弱者と片づけられかねない小さな存在の主人公たち。その少女たちが、時代の偏見や、固定観念に押しつぶされそうになりながら、一生懸命夢に向かって行動し、自らが目指す世界に近づいていく姿。その健気《けなげ》で力強いおんなの子たちの姿に、幼い頃、私を含むたくさんの少女たちが胸躍らせたものだ。そしていまの私は力をもらった。

「おんなの子のちから」と題しているけれど、人間を性別で分けるのでもない。そもそも人の存在は分けたり比べたりするものではない。

人を数字に置き換えたり、生産性や経済性という、力で押し切るようなことではなく、ひとりの普通の人間として見る。世の中を、力を誇る人が動かすのではなく、幼い心をなくさないまま生きる、性別に関係のない誰かが動かしていくときっとうまくいく、と語られる。

「人間は生きものであり、自然の一部である」という中村桂子さんの生命誌研究者としての言葉。本当にその通りだと嬉しかった。

そして生きものは、引っ掻《か》けば、ちゃんと傷が残る、柔らかい肌のような心を持つものだと。そんな大切なことを、いくつかあげられた作品の主人公たちが、自ら示す行動によって読者に届けてくれる。

大地や水や、木々や緑などの自然に守られ、その一部として人が存在していることを大切にしてほしいという思いは、数字や結果ではなく、経過を味わっていたい、自然そのものを味わって登りたいという山に対する私の思いとも似てしっくりくる。

山に限らず、すべてにおいて同じような思いを常にいだいている。

この本を読んだことで、しばらく少女の頃の大人に守られていた自分や、あの頃遊んだ近くの自然や空想の世界などにもう一度帰り、温かい幸せな時間を取り戻した。おかげでやっと、コロナ禍で苦しかった私の心も癒されて、救われる思いがした。

加藤則芳さんも、田部井政伸《まさのぶ》さんも、自然の一部として生きている人だったと改めて思う。だから彼らの言葉はスッと入ってくるのだ。

政伸さんは出会った当時、淳子さんが憧《あこが》れるような伝説のクライマーだった。結婚後は、子どもが育つまで夫婦で同じ山には行かないなどと決めて、別の趣味を楽しんだ時期もあった。そして子どもの成長や、生活の変化とともに、再び家族で山に行くようになり、後年はふたりだけで分かち合うような登り方を楽しんでいた。

政伸さんは初対面の時、「人間が残せるのは、その人が生きた時間だけ」と言った。

多分私が、「ご理解があるんですね?」と聞いたからだろう。

「自分も山に登りたいのだから、妻も登りたいだろう。だから反対はしない」、「妻という理由で家に縛り付けることはできない」。「その人の生きる時間はその人のもの。男だ、女だも、夫だ、妻だも関係がない」と言っていた。

理解のある旦那様と言われ続けた政伸さんは、いつもこんな言い方で、自分は理解があるのではないと言い続けた。こんな素敵な言葉を言える政伸さんも、そよぐ風のようにアウトドアを愛する加藤さんも、自然の一部としての人生を生きる人だ。

山で、風のそよぎ、葉のゆらぎ、足裏で聞く枯れ葉の音、など、すべてのものから受け取る感覚は、客席に座って見る舞台から受け取る感動となんら違わない。

演劇だって、観客はただ座っているだけで何もしないのだから受け身でしかないと、関心のない人からは思われるだろう。でも演者から渡されたものは、確実に、受け取った自分の中のどこかを激しく刺激し、舞台上の俳優としては観客が返してくれる感情を受け取って互いに豊かな世界を構築していくことができる。

それは美術館で見る名画も、ホールで聞く音楽も同じことだ。歴史によって磨かれ、繊細に研ぎ澄まされた作品から感じるものは、自然が与えてくれている感動と同じこと。芸術にまで昇華されたものは、そのまま受け取るものに届けられる。どちらも同じ感動を、受け取る自分の中に大きく湧き上がらせてくれるものだった。

山小屋なども、ひとつの舞台と思えば、ただサービスを受けるだけではなく、その空間に立つ演者のひとりとして自分の役割を夢想するのも楽しい。時に厳しいことを言う小屋主さんも、この舞台を作る役者のひとりと思えば、味があって素敵だ。

そんなことを妄想する私はやはりちょっと変わっているかな？

荒ぶる男の世界も、視点を変えれば、実におもしろくて、いろいろな芸術と変わらない感動を味わえるものだ。

そして、自然からの豊かな贈り物を受け取り、味わいながら歩くのが、私の登山だ。毎回違い、同じ山でも同じことはまずない。そのたびに味わいが違い飽きることもない。

いま私は、「学びは究極の遊びです」と、取材の時などによく話す。

大人になって山と出会い、知らないことを知って思うのは、学校での勉強とは違うけれど山は学びの場だということだ。

30年前にシンポジウムで聞いた、「山は五感を駆使した学問である」という今井通子さんの言葉にいま大きくうなずく。学びは生涯続けられるおもしろい遊びだと思う。平安時代に編纂《へんさん》された、梁塵秘抄《りょうじんひしょう》にある「遊びをせんとや生まれけむ」「戯《たはぶ》れせんとや生まれけむ」という言葉を改めて考える。生きていることのすべても、五感を駆使した学びであり、遊びなのではないか。人は遊ぶために生まれてきた。

山で感じることは、見る目を変えれば普段の生活でも、感じられることばかりだ。人生と置き換えるまでもなく、生きていることは、学びであり、遊びでもあるということ。ただ、都会での生活は忙しすぎて、刺激もありすぎるから、ささやかな喜びに目をやることもなかなか難しい。しかし山は歩くことに専念できる。

そうしないと危険でもあるので、とにかく淡々と歩きに集中する。集中するからこそ、神経は小さなことにも集約して研ぎ澄まされ、感情移入もできる。

そして山は、ある種の極限状態でもあるから、そのひとつを一生懸命乗り越えることで、いま生きている自分を冷静に見つめることもできる。

だから私は、山には長く入っていたいと思う。自然の中で、自然の尺度で自分をはかり、長い時間を過ごすことで、内なる自分を見つめることができるから。

そしてその場に立ったからこその、壮大な景観は、頑張ったものにしか得られない。映像で見ることはできても、痛いほど足を使い、汗をかいたり、風を感じたり、香りをかいだり、全身で受け止め感じたのちに、湧き上がる感動はまた別物だ。

劇場も映画館も、周囲にいる人とともに作る空気の流れがある。それを感じながら観るのと、家でひとりで見るのとはあきらかに違う。たくさんの別れを経て、そんなものをわかち合える人も少なくなってしまったが、これからの出会いに期待して、自分はやはり手触りや匂いや風を感じ、それを誰かとわかち合うことに感動を求めていきたいと思う。感動を受けとめる感性を磨きながら。

はるか昔、有無を言わせず連れていかれた学校行事で見た景信山の斜面に咲くたくさんのリンドウ。思い出して驚くのは、景信山の斜面に広がるリンドウの群生を、当時山になどなんの関心もない私がいまだ忘れていないこと。

リンドウは周辺にいまも咲いているけれど、斜面いっぱいの群生はとんと聞かない。時間とともになくなってしまったかもしれない。確認に行ったことはないけれど、あの時の一面の花の美しさは、いまも私の目にやきついている。

その時に意味がわからなくても、経験は、きっといつか意味を持つ。いやいやだったことでも、無駄ではなかった。

生きていることのすべてが学びなら、悲しいことも苦しいこともきっと学びに変えられる。先輩たちの背中を見つめて歩いてきたけれど、たくさんの友人が気がつけばいなくなってしまった。

あの人たちの歩いた道も、誰かが歩かなければ、いつか草に覆われて、立ち入れないところになってしまう。

もう一度先輩たちの言葉を思い出して、彼らの思いとともに、自分らしい道を歩いて行きたい。また別の世界に出会えるかもしれないと夢に見て。

あとがき

久しぶりに本を出すことになった。

言葉をあやつる仕事であり、美しい言葉を大切にしたいと常々思っている。

そういえば、『山なんて嫌いだった』から、結構たったしな……、とつい「うん」と言ってしまった。

さあ！どうやって書こう……、とパソコンに向かい、張りきって文章を組み立てようとしたら、嫌になるほど言葉が出てこない！

……私……、馬鹿になった？

「こんなふうに言いたいこと、一言で言えたよね？」と思っても、

「ほら、ほら、あぁ！　あれあれ……。いやいや、これよ、これ！」

「いや、そうじゃなくて、ほら、こんな感じの……」

と言ったって、情報が少なすぎて、聞かれた相手にわかるわけもない。

そのたびにがっくりと肩を落とした。

まるで「Ale Ale Ale」の歌の歌詞！

昔、母に向かって、「あれ、それ、これじゃぁわからないわよ。ちゃんと言ってくれなきゃぁ！」と怒ったのを、土下座して謝りたい気分。

山のこと、道のことならいいけれど、途中から海は出てくるわ、船にも乗るわ、ダンスだ、コンサートだ、介護だ病院だ、劇場だ舞台だ客席だと、なんのことやら……。

自分の中じゃつながっている。だって自分だから。

これをどうお伝えしたら、読んでくださる方におわかりいただけるだろうかと、ない知恵を搾り続けていたら、スカスカの搾りカスになった。もう何も出ない。

何しろこの間、「いま1番の得意技は、現実逃避」。

家でひたすらこもって書くはずなのに、なぜか日比谷《ひびや》や新宿《しんじゅく》あたりの劇場にいたり、ホイホイと友人の誘いに乗って、有楽町《ゆうらくちょう》、新橋界隈《しんばしかいわい》のカジュアルなお店で、お酒もなしでしゃべり続ける。言行不一致もいいところ。

そんな苦難の半年を過ごした。はぁ、私、社会復帰できるかしら……。

ごくたまに舞台に立つ俳優としても、ありとあらゆる作品を見ることを無常の楽しみとしている客の私も、観客が放つ空気が確実に演者に届き、板の上にいる人間の演技をすごい力で引き上げることを知っている。空間をともにする喜びだ。それが、人と人の心の交流を呼ぶ、その緊張感も、温かさも好きだ。

また、ミルフォード・トラックの、あの、緑も湿度も濃い、トレイルを歩く私に見えていた大自然の美しい景色は、舞台上の晴れやかな空間や、舞台から見える客席にも似ている。客席は暗い中にも人の思いがキラキラ見えるとでもいうか。

それは、キリマンジャロのホロンボ・ハットで、満天の星の下、たたずむ私の目に映った空にも似ていた。暗い中、頭上から足元にまで星がキラキラと輝いていた。自分は地球の、いや、宇宙の一部、ほんの小さな点として大きな空に包まれていた。

山を歩きながら、その山のいまを作っているのは、一緒に歩くすべての人だとも思う。仲間はもちろんのこと、行き違うすべての人とその場を作る、そんな感覚がある。

山小屋の主役は小屋主さんやスタッフではあるけれど、客の側にもその役割はありはしないか。客船が映画や演劇になるのは、まるで動く舞台のようにドラマがあるから。

港や、空港、駅、ホテルなどにロマンを感じるのも見知らぬ人が行きかうから。小屋は動かないけれど、ドラマはたくさん起こる。登山者も演者のひとり。なんだって主体的に関わった方がおもしろい。

山小屋は不便な場所に、必要があってできたもので、運営のための資源は限られる。人のわがままや都会の論理を持ちこむ場所ではない。極限の地に身を置くからこそ、感動はより深く得られる。そう思えば我慢すら喜びにつながる。

あるがままの自然には当然危険もあり、だから小屋を守る人々は厳しいことを言う。小屋主さんは法律でいいと思うのも、彼らが自然を愛し、登山者の安全を祈る人だから。私も何度か怒られた。でも、厳しい言葉はありがたいものだ。

あれから30年以上。いつの間にかこんなことを思う人間になった。そのはじめの一歩は偶然のような初登山の先生との出会い。先生はいま、ご自宅で療養中。感謝の思いを込めていまの私をこの本に記す。読んでいただけたら無上の幸せと思う。

田部井淳子さん、加藤則芳さん、道筋をつけてくれたすべての皆様に、心から感謝している。先輩たちが見せてくれた背中を見つめ、その道を私らしく歩いていきたい。

この夏、再び開通なった伊藤新道の写真を見たら、そこに映された景色は、緑濃い昔の自然を彷彿《ほうふつ》とさせる美しさがあった。あ、ミルフォードみたい！と嬉《うれ》しくなった。

その先には何があるかとワクワク期待させるエンターテインメント性も感じた。できるだけ整備しない道と言っても、じゃぶじゃぶと渡れないほどの川には、ちゃんと真新しい橋がかかっていて、フィールド・アスレチックのような楽しみも味わえそうだ。家族連れで行けるところまで行き、1日遊んで帰るのも楽しそう。

いつかあの道をたどって雲ノ平に……、できるなら私は、そのまままっすぐ向こう側まで歩いて、日本海まで行けたらいいなぁなんて思う。

そんな壮大な夢とは逆に、気楽に遊びにも行けそうで嬉しい。

今度いつ山に行けるだろう。やりたいことが増えすぎて、選べなくて困る。

2023年10月　　　　市毛　良枝

初出

・世界一美しい散歩道ミルフォード・トラック
「山と溪谷」二〇二一年二月号
「ニュージーランド　ミルフォードトラック〝世界一美しい散歩道〟をゆく」

・念願の「自分の山」をやれた夏
「山と溪谷」二〇〇四年八月号
「市毛良枝の南ア南部、はじめてのテント泊単独行」

書籍掲載にあたり、大幅に加筆修正いたしました。

市毛良枝（いちげ　よしえ）
俳優。文学座附属演劇研究所、俳優小劇場養成所を経て、1971年にドラマ『冬の華』でデビュー。以後、テレビ、映画、舞台、講演と幅広く活躍。40歳から始めた登山を趣味とし、93年にはキリマンジャロ、後にヒマラヤの山々にも登っている。環境問題にも関心を持ち、98年に環境庁（現・環境省）の環境カウンセラーに登録。また特定非営利活動法人日本トレッキング協会の理事を務めている。著書に『山なんて嫌いだった』（山と溪谷社）などがある。

73歳《さい》、ひとり楽《たの》しむ山歩《やまある》き

2024年２月28日　初版発行

著者／市毛良枝《いちげよしえ》

発行者／山下直久

発行／株式会社KADOKAWA
〒102-8177　東京都千代田区富士見2-13-3
電話　0570-002-301（ナビダイヤル）

装幀／アルビレオ

装画／本田このみ

印刷・製本／大日本印刷株式会社

●お問い合わせ
https://www.kadokawa.co.jp/（「お問い合わせ」へお進みください）
※内容によっては、お答えできない場合があります。
※サポートは日本国内のみとさせていただきます。
※Japanese text only

定価はカバーに表示してあります。

ISBN 978-4-04-113277-7　C0095